증보

영유아 신체활동 지도

박정민·박미경 지음

창지사

| 머리말 |

영유아의 여러 발달 중에서 신체영역발달의 중요성을 인정하지 않는 이는 아마도 없을 것이다. 인간의 신체발달과 건강은 모든 삶의 기반이며, 신체영역발달은 영유아기 다른 영역발달에 통합적으로 작용하여 결과에 커다란 영향을 미친다.

영유아기부터 즐겁게 신체활동에 참여함으로써 영유아기에 필요한 기본운동능력 향상은 물론, 성인으로 성장하였을 때 긍정적이고 규칙적인 생활습관을 형성하며, 질병을 예방할 수 있다. 따라서 영유아기 신체활동은 성인이 된 미래에 건강한 삶을 살아가는 데 중요한 초석이 된다.

영유아기에 경험하는 신체활동의 경험은 일생을 살아가며 지속적으로 영향을 미치므로 어린이집에서의 영유아 신체교육과 신체활동 경험은 매우 중요하게 인식하여 다루어져야 한다. 신체교육은 연간·월간 교육과정에 체계적으로 계획되고, 신체활동 지도는 영유아의 신체적 성숙과 개인적 특성에 맞게 매주·매일의 교육계획에서 적용되고 실시되어야 한다.

이 책은 어린이집에서 외부강사에 의한 특별활동으로의 신체활동 제시가 아니라, 학급의 교사가 우리 반 영유아들을 위해 계획하고, 즐겁고 효과적으로 신체활동 교육을 진행할 수 있는 능력을 갖추는 데 필요한 이론과 교수방법, 교육활동 실제를 체계적으로 안내하기 위해 계획되었다.

이 책의 제1부 1·2장에서는 영유아 신체활동의 이해, 운동능력의 발달이론을 다루었고, 3·4장에서는 국가수준 교육과정의 신체활동 내용과 영유아 신체활동의 내용을 다루었다. 5장은 신체활동 교수방법, 6장은 신체활동 환경 구성, 7장은 영유아 신체활동 평가를 제시하였다. 또한 제2부 8장에서는 영아의 감각적 탐색활동과 영아의 대·소근육 탐색활동의 실제를 자세히 제시하였으며, 9장에서는 유아 기본운동기술 활동, 유아 기구 이용 신체활동, 유아 순환연습 신체활동, 유아 신체 게임 활동의 실제를 자세히 제시하였다.

특히 순환연습 신체활동은 활동내용과 활동시간 난이도에 구애받지 않고 영유아가 스스로의 열정에 의해 신체활동을 자유롭게 즐기는 과정으로, 이러한 모습이 교사가 올바른 신체교육을 하기 위해 애써 노력하며 바라던, 우리 아이들의 미래의 모습이기를 기대한다.

이 책이 모쪼록 예비유아교사에게 영유아 신체활동을 전개하기 위한 새로운 정보가 되고, 교수능력 신장에 도움이 되며, 교사와 영유아가 더불어 즐겨하는 좋은 신체활동의 안내서가 되길 바라는 마음이 간절하다.

또한 이 책을 출판해 주신 창지사 사장님께 감사드리며, 훌륭한 편집을 해주신 편집진의 노고에도 깊이 감사드린다.

2015년 9월

저자 일동

| 차례 |

제4장 영유아 신체활동의 내용

제5장 영유아 신체활동의 교수방법

제6장 영유아 신체활동을 위한 환경 구성

제7장 영유아 신체활동의 평가

제2부 영유아 신체활동의 실제

제8장 영아의 신체활동 실제

제9장 유아의 신체활동 실제

제1부 영유아 신체활동의 이론

제1장

영유아 신체활동의 이해

1. 영유아 신체활동의 개념 | 2. 영유아 신체활동의 필요성 | 3. 영유아 신체활동의 목적

1. 영유아 신체활동의 개념

신체활동이란 인간 생활에서 가장 기본적인 신체경험이다. 신체활동은 생활 전반에 걸쳐 기반이 되는 신체능력이며, 신체를 움직이면서 발달을 이룰 수 있고, 신체적 잠재능력을 발휘할 수 있다(Gallahue, 2003).

영유아는 선천적으로 타고난 감각기능을 토대로 움직이며 주변 환경을 탐색하면서 자신의 능력을 실험해 보고 감정을 조절하며 표현한다. 이처럼 영유아가 신체활동을 하고자 하는 욕구는 본능이며, 자발적인 특성이라고 할 수 있다(윤애희, 박정민, 1999; 정세호, 엄정애, 2002).

영유아교육 분야에서 신체활동은 '동작교육(movement education)', '체육교육(physical education)', '움직임 교육(movement education)', '신체활동(physicalactivity)', '체육활동(physicalactivity)', '운동놀이(playingexercise)' 등 다양한 용어를 통해 소개되고 있다(교육인적자원부, 2003).

신체활동에 대한 여러 학자들의 정의를 살펴보면 다음과 같다.

① 레이번(Laban, 1975) : 신체활동은 신체라는 도구를 사용하여 움직이는 것이며, 영유아가 스스로 자신의 신체를 효과적으로 사용하는 방법을 발견하는 것이다.

② 벤틀리(Bentley, 1970) : 신체활동은 자신의 신체를 어떻게(how), 어디로(where) 움직일 수 있는가 하는 기본 움직임과 신체능력에 대해 탐색이다.

③ 겔라휴(Gallahue, 1996) : 신체활동을 움직임의 기능을 직접 가르쳐 배우는 '움직임을 위한 학습(learning to move)'과 다양한 움직임을 시도, 경험함으로써 창의적으로 표현하는 '움직임을 통한 학습(learning through movement)'으로 구분할 수 있으며, 신체활동을 통해 영유아의 신체적·정서적·인지적·사회적 발달을 이룬다.

④ 김은심(1999) : 신체활동은 움직임의 기본 요소를 인식하고 기본 움직임 기술을 익히는 등의 기초영역과 동작표현활동, 신체 게임 및 체조활동 등으로 구성된 응용영역으로 구분할 수 있다.

⑤ 배인자, 한규령(1997) : 신체활동은 영유아가 자신의 신체를 탐색함으로써 움직임의 구조를 이해하며 자신의 운동능력을 증진시키고 나아가 창의적 표현을 도모하는 활동이다.

⑥ 황순각(2001) : 신체활동은 유아의 기본운동능력과 사고력 및 정의적 능력을 향상시키기 위한 일련의 움직임 활동이다.

이상 여러 학자들의 정의를 종합해 보면 신체활동은 자신의 신체를 움직이는 활동으로 움직임 목적에 따라 크게 두 가지 측면으로 살펴볼 수 있다. 첫째는 기능적인 움직임에 초점을 둔 것으로 운동발달에 기초하여 체력 향상과 효율적인 운동기술 획득에 목적을 두는 신체활동이다. 둘째는 표현적 움직임에 중점을 둔 것으로 움직임을 통한 자기표현, 창의적 표현에 목적을 두는 신체활동이다.

그러나 대다수의 영유아교육기관에서 움직임의 기능적 측면에 목적을 두는 신체활동의 경우에는 교사들이 거의 관심을 기울이지 않고 있거나 외부 전담 교사에 의존하여 실시되고 있는 현실이다(김영은, 2006; 안상춘, 박혜경, 2004). 이로 인해 담임교사의 계획으로 이루어지는 교육과정과 통합되지 않을 뿐만 아니라 영유아들의 흥미, 체력, 운동능력 등을 반영하여 융통성 있게 시간을 운영할 수 없다고 이야기되고 있다(이차숙, 2011).

따라서 이 책에서는 신체활동의 개념을 기능적인 움직임에 초점을 두고 영유아의 기본 운동기술과 체력 요소를 포함하는 다양한 활동으로 정의를 내리고자 한다. 이에 바탕을 두어 영유아교육 현장에서 중요하게 부각되고 있는 신체활동의 기능적인 측면과 몸, 기구, 게임을 이용한 응용적인 측면에 대하여 주로 다루고자 한다.

2. 영유아 신체활동의 필요성과 목적

1) 영유아 신체활동의 필요성

영유아기는 신체발달이 급격히 이루어지며 연령에 따라 운동능력에 큰 차이가 난다. 영유아기 신체 및 운동발달은 자신을 이해하고 자아를 실현하는 수단으로뿐만 아니라 인지, 사회성, 정서 등 다른 영역의 발달과도 관련되어 영유아의 전인적 발달의 중요한 토대가 된다.

또한 영유아기 신체활동에 대한 긍정적인 경험은 청년기 및 성인기의 신체활동 습관을 형성하여 일생 건강한 삶을 살 수 있는 기초를 마련한다(Janz, Burns, & Levy, 2005). 따라서 영유아기부터 일과 중 충분하고 다양한 신체활동에 참여하고 즐기도록 해야 한다.

신체활동이 영유아기에 필요한 이유에 대해 구체적으로 살펴보면 다음과 같다.

(1) 신체활동 능력은 영유아기부터 시작하여 길러지는 것이 중요하다

영유아기는 신체발달을 위한 이상적 시기이다 이 시기에 이루어지는 신체활동은 신체발달에 도움을 주며 운동기능을 향상하고 근력, 유연성 등과 같은 체력이 증진되는 것으로 나타났다(황순각, 2001). 특히 민첩성, 협응성, 평형성 등은 6~7세 정도까지 약 60%가 완성됨을 고려할 때 영유아기는 기본운동기술에 대한 학습효과가 민감하며 튼튼한 체력을 키우는 최적의 시기이므로 체계적인 신체활동 교육이 필요한 시기이다(박대근, 2001; 오연주 2001).

(2) 신체활동은 영유아의 전인발달에 중요한 토대가 된다

영유아기 신체활동은 신체를 활용하여 자신을 이해하고 자아를 실현할 뿐만 아니라 인지, 사회성 등 다른 영역의 발달과도 밀접하게 관련되어 영유아의 전인적 발달에 중요한 토대가 된다. 영유아는 주변 세계를 탐색하고 문제를 해결해 나가는 과정에서 여러 가지 운동기술을 학습할 뿐만 아니라 자신감을 가지게 되며, 타인을 이해하고 존중하게 된다(이선경, 2011; Pica, 2010).

(3) 신체활동은 현대사회의 영유아가 가지는 비활동성 문제를 해결할 수 있다

현대사회는 TV, 컴퓨터, 게임기기, 스마트폰 등 전자매체의 보급과 자동차와 아파트 문화, 놀이공간의 부족 등으로 인해 영유아들이 몸을 움직이는 시간과 기회가 줄어들었다(박대근, 2001). 또한 조기 학문적 성취를 위해 정적인 학습활동을 요구받으면서 운동부족 현상이 심화되고 운동발달을 방해하고 있다. 최근 연구에 의하면, 영유아기에 비활동적이었던 사람들 중에 2%만이 성인이 되었을 때 활동적인 사람이 되었다고 한다(Pica, 2010). 따라서 영유아기부터 지속적인 신체활동을 제공하여야 한다.

(4) 신체활동은 영유아의 비만율을 감소하거나 예방할 수 있다

오늘날 편중된 식습관으로 인해 비만한 영유아들이 증가하고 있다 영유아기의 비만은 영유아의 체력과 성장, 발달을 지연시킬 수 있다. 최근 미국스포츠·신체교육협의회(National Association for Sport and Physical Education; NASPE, 2004)는 국가적으로 심각한 비만 문제를 제기하며 걸음마기 영아는 하루 최소 30분가량, 유아에게는 하루 적어도 60분 이상의 신체활동 시간을 제공하여야 한다고 하였다. 2013년에 실행된 표준보육과정과 누리과정에서도 하루 일과 중 영아들은 매일 30분 이상, 유아들은 1시간 이상 정기적이며 지속적인 신체활동에 참여하는 것이 영유아기 발달에 중요하다는 점을 강조하고 있다(교육과학기술부, 2013a; 보건복지부, 2013a).

(5) 체계적인 신체활동 교육으로 기본운동기술 발달을 이룰 수 있다

기혼 여성의 경제활동이 증가하고 가족과 사회구조가 변화됨에 따라 영유아들이 교육기관에 장시간 머무르기 때문에 영유아의 건강과 성장을 도와주기 위해서는 영유아교육기관에서의 신체활동에 대한 중요성이 커졌다고 할 수 있다.

또한 영유아를 대상으로 하는 신체활동은 놀이를 중심으로 해야 한다는 주장이 우세하여 영유아가 스스로 기본운동기술을 터득할 수 있도록 하였다. 그러나 최근 영유아기에 습득해야 하는 기본운동기술은 단순하게 놀이를 통해서는 습득하지 못한다는 주장이 있다(Gallahue, 1996). 따라서 영유아시기부터 기본운동기술 발달을 위한 체계적인 신체활동 교육이 이루어질 필요가 있다.

(6) 신체활동은 평생 건강한 습관 형성 및 행복한 삶을 위해서 필요하다

영유아기부터 경험하는 신체활동에 대한 경험은 성장기 이후 신체활동 참여의 주요 영향이자 동기로 작용하고 신체의 기능을 최적화하며 질병을 예방한다(박경만, 정주혁, 김맹규, 2013). 영유아기에 신체활동을 즐기며 참여할 때 성인이 되었을 때도 긍정적인 신체활동 습관을 형성하여 일생동안 건강한 삶을 살 수 있는 기반을 마련한다(Pica, 2010). 따라서 영유아기 신체활동은 성인이 된 미래에 건강한 습관 형성과 삶의 질을 높인다.

2) 영유아 신체활동의 목적

영유아교육 현장을 살펴보면 '영유아의 전인발달'을 궁극적 목표로 교육과정을 운영하고 있으나, 실제 현장에서는 언어나 인지발달에 편중된 교육과정을 운영하고 있어 신체활동에 대해서는 충분히 이루어지지 않고 있거나 심지어 경시하는 경향까지 보이고 있다(김은심, 2005; 오연주, 2001). 게다가 학부모들의 학습에 대한 지나친 염려와 요구로 인해 영유아의 과잉된 학습량은 영유아들이 다양한 신체활동 참여할 수 있는 시간과 기회를 방해하고 있다(김원준, 2010).

피카(Pica, 2010)에 의하면 발달에 적합한 신체교육은 신체·사회성·정서·인지·언어발달을 도울 수 있다고 하였다. 따라서 신체활동의 목적은 유아가 신체활동을 통하여 신체를 효율적으로 사용하고 운동기술을 학습하며 전인적 발달을 도모하는 것이다.

영유아의 신체활동 목적에 대해 자세하게 살펴보면 다음과 같다.

(1) 신체활동은 감각 및 지각 운동 발달에 영향을 미친다

인간은 시각, 촉각, 미각, 후각, 그리고 청각 등과 같은 오감각을 통해 주변 세계와 소통하고 알아간다. 이처럼 감각을 통해 수집된 정보를 인식하는 과정을 지각이라고 한다. 감각과 지각은 다양한 움직임을 만들고 운동기술을 학습하는 데 있어서도 매우 중요하다.

영유아기는 선천적으로 타고난 감각기능을 토대로 지각능력이 급속히 발달하는 시기이다. 즉, 오감각을 통해 정보를 기억하고 해석하는 능력인 지각능력이 발달하게 된다. 이러한 감각과 지각의 발달은 영유아기에 형성되기 때문에 이 시기에 다양한 감각 및 신체활동을 제공하는 것이 매우 중요하다(윤애희, 박정민, 1999).

(2) 신체활동은 신체의 발달을 촉진하고 기본운동기술과 기초체력을 향상시킨다

영유아에게 알맞은 신체활동은 신체의 발육과 성장을 촉진시키고 골격이나 근육을 발달시킨다. 더불어 기본운동기술에 대해 학습하고 영유아의 기초체력을 증진하는 데 기여할 수도 있다(교육인적자원부, 2003; 김수옥, 2011). 또한, 신체활동은 영유아들의 근력·지구력·조절력 발달에도 도움을 주어 다양한 신체능력이 향상된다(박대근, 2004).

(3) 신체활동은 인지·언어발달과 밀접한 관계를 가진다

영유아는 자신의 신체를 다양하게 움직이면서 거리, 공간, 방향 개념뿐만 아니라 문제 해결능력인 인지능력을 자연스럽게 갖게 된다. 헐럭(Hurluck, 1972)은 다양한 신체활동은 신체적인 발달을 촉진시키고 빠른 신체발달은 지적인 능력을 빠르게 향상시키며, 신체발달이 늦어지면 지적발달을 지체하는 원인이 될 수도 있다고 하였다.

또한 영유아기는 언어발달이 미숙하기 때문에 몸짓 언어로서 신체를 많이 사용하며, 신체활동 과정에서 움직임과 관련된 용어를 사용함으로써 어휘를 학습하게 된다(김세은, 2010).

(4) 신체활동은 긍정적인 자아개념발달과 정서 순화를 돕는다

신체는 영유아가 느끼는 것을 밖으로 드러내는 도구이다. 영유아들은 신체활동을 하면서 기쁨과 두려움, 분노, 좌절 등의 자연스러운 감정을 표출하므로 정서적 만족감을 느낄 수 있다(홍용희 외, 2002). 또한 영유아들은 신체활동에 몰입하는 과정을 통해 집중력을

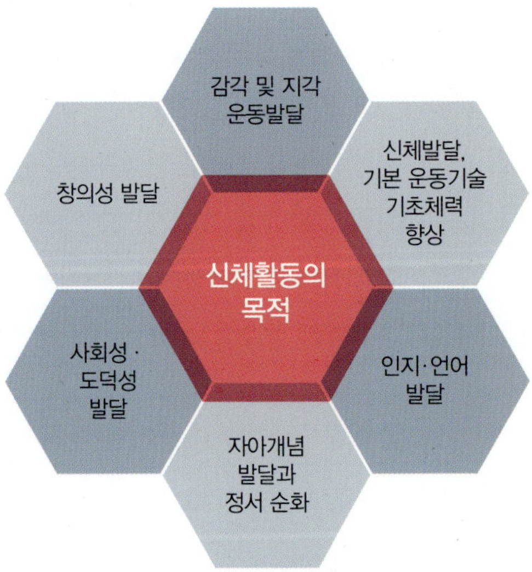

그림 1-1 **신체활동의 목적**

기르고 좌절이나 분노 같은 부정적인 감정을 배출시킴으로써 긍정적인 자아개념과 정서적인 안정감을 얻게 된다(이선경, 2011).

(5) 신체활동은 사회성·도덕성 발달을 돕는다

영유아는 신체활동을 하면서 여러 가지 풍부한 사회적 관계를 맺게 된다. 신체활동을 통해 자연스럽게 친구들과의 협동심, 인내심, 양보심 등의 경험을 하며 사회적인 태도를 더 수월하게 습득할 수 있다(이정민, 2012: 김은경, 2008).

또한 도덕적 개념이나 바람직한 윤리적 기준에 대해 인식하고 남에게 불쾌감을 주지 않으면서 자신을 표현할 줄 아는 건전한 민주시민으로 성장하는 데 기초를 마련한다(류진희 외, 1999).

(6) 신체활동은 창의성을 기를 수 있다

영유아는 다양한 신체활동을 통해 창의적인 신체 표현력을 갖게 된다. 영유아는 신체활동을 경험하면서 새롭고 독창적인 방법으로 기존의 운동기술을 다른 운동과 연결시킬 수 있는 능력이 발달한다(김원준, 2010).

제2장

영유아 운동능력의 발달

1. 운동발달 단계 | 2. 기본운동기술 | 3. 체력 발달

영유아의 신체발달은 생애 그 어느 시기보다 빨리 진행된다. 영유아를 위한 신체활동은 영유아의 신체적 발달과 균형을 돕도록 구성하여야 하며, 기본운동기술과 체력 증진에 초점을 맞추어야 한다. 또한 연령별·개인별로 신체발달의 차이가 큰 영유아의 특성과 신체활동의 특성을 고려하여 적절한 활동 순서를 가지고 있어야 한다. 겔라휴(Gallahue, 1982)의 운동발달 단계를 중심으로 영유아의 운동발달 과정을 살펴보면 다음과 같다.

1. 운동발달 단계

겔라휴(Gallahue, 1982)는 운동발달 단계를 연령에 따라 반사운동(reflexive movement), 초보운동(rudimentary movement), 기본운동(fundamental movement), 전문화된 운동(specialized movement) 단계의 4단계로 구분하여 설명하였다.

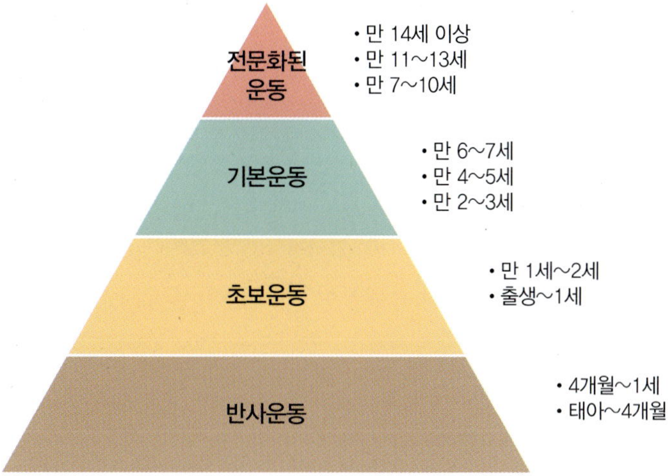

그림 2-1 **운동발달 단계**
출처 : Gallahue(1982). *Development movement experience for children*. p.6

1) 반사운동 단계

반사운동은 태아와 신생아들이 외부 자극에 대해 보이는 최초의 무의식적인 운동발달 특징이다. 이러한 반사는 주로 먹는 기능과 생리적 기능을 유지하는 데 유용하며, 신생아를 위험으로부터 보호해 주는 기능을 갖는다. 대표적인 반사운동으로는 빨기반사(입술에 무언가가 닿으면 빠는 움직임), 찾기반사(뺨에 손가락을 대면 그것을 찾아 머리를 돌리는 움직임), 쥐기반사(손바닥에 무엇인가 닿으면 꽉 쥐는 움직임), 모로반사(자극적인 소리에 깜짝 놀라 팔다리를 벌렸다가 손을 오므려 잡으려 하는 움직임) 등이 있다.

2) 초보운동 단계

초보운동은 출생 이후부터 2세까지 발달한다. 이 시기는 의도적인 신체운동이 시작되는 주요한 시점이다. 목, 머리, 몸을 조절하면서 앉고 설 수 있는 제자리 운동기술이 가능하며, 팔꿈치와 배를 이용하여 기기, 손과 무릎을 사용하여 기기, 그리고 걷기와 같은 이동 운동기술을 할 수 있다. 또한 조작적 운동기술로서 사물에 손을 뻗치거나 물건을 잡았다가 놓기도 한다.

3) 기본운동 단계

기본운동은 2세부터 7세까지 나타나며 점차 다양한 기본운동기술을 수행할 수 있다. 신체를 안정된 자세에서 굽히고, 뻗고, 흔드는 제자리·안정 운동기술은 물론 달리고, 높이 뛰고, 기어오르는 등의 이동 운동기술이 가능하며, 공을 던지고 잡는 등 물체를 조작적 운동기술도 발달된다. 그러나 아직 세분화되고 정확한 기술적인 움직임은 발달되어 있지 않다.

4) 전문화된 운동 단계

전문화된 운동은 7세 이후 초등학교 아동기를 거쳐 청년기까지 발달된다. 이 시기의 특성을 세분화하여 설명하면 다음과 같다.

- 7~10세(초등학교 저학년 시기) : 일반적인 운동능력이 발달하며, 기본운동단계보다 각종 운동기술을 정확하게 구사한다.
- 11~13세(초등학교 고학년 시기) : 한층 세분화된 운동능력이 발달하며 복합된 운동기술이 나타난다.
- 14세~청년기 : 전문화된 운동기술이 발달된다. 습득한 모든 운동능력을 각종 스포츠나 게임, 레크리에이션 등에 적용할 수 있다.

2. 기본운동기술

1) 기본운동기술의 유형

기본이 되는 움직임인 기본운동은 겔라휴(Gallahue, 1982)의 운동발달 단계의 세 번째에 해당되는 것으로 두 번째 단계인 초보운동 단계에 기초를 두고 나타나는 운동 유형이다. 기본운동은 신체를 효율적으로 움직이는 데 필요한 운동능력으로 신체의 대·소근육발달을 토대로 성장하며, 이동 운동기술(locomotor skill), 제자리·안정 운동기술(nonlocomotor·nontraveling skill), 조작적 운동기술(manipulative skill)로 구분할 수 있다.

이러한 기본운동기술은 다음과 같은 특성을 보이며 나타난다.

- 기본운동기술은 순차적으로 발달한다. 누구나 기기 전에 걷기를 할 수 없고, 걷기 전에 달리기를 할 수 없는 것처럼 순차적으로 발달한다.
- 기본운동기술 중 제자리·안정 운동기술은 이동 운동기술과 조작적 운동기술의 기초가 된다(Ulrich, 2000). 이동 운동기술의 발달 순서는 걷기, 달리기, 건너뛰기, 뛰기(멀리/

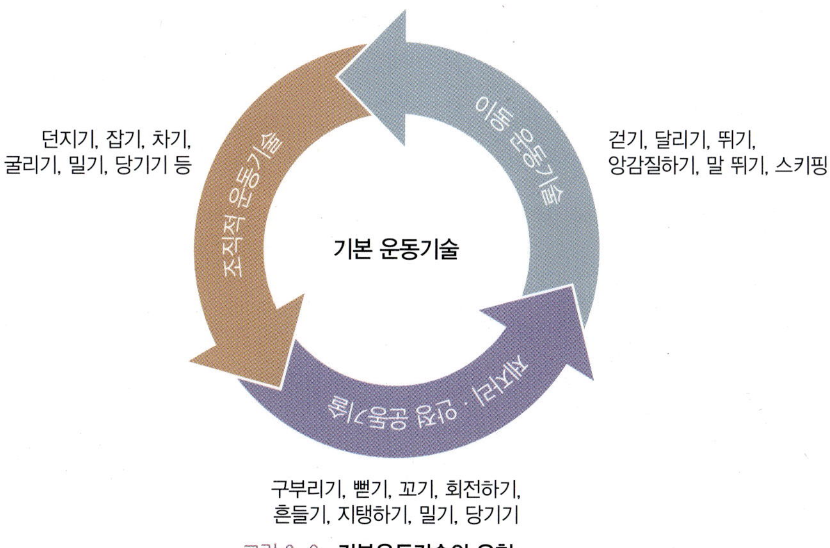

그림 2-2 **기본운동기술의 유형**

높이), 앙감질하기(홉핑), 말 뛰기(갤로핑), 미끄러지기(슬라이딩), 스키핑의 순서로 발달하는데, 말 뛰기, 미끄러지기, 스키핑의 경우 이전에 습득된 걷기, 달리기, 건너뛰기 등의 이동 운동기술의 결합으로 나타나기 때문에 후반부에 발달한다(Kirchner, 1992).

- 조작적 운동기술은 영유아의 대근육뿐만 아니라 소근육발달의 신체적 발달이 선행되어야 한다.
- 이동 운동기술과 조작적 운동기술의 발달 시기는 이동 운동기술 경험을 많이 해본 기회와 놀잇감이나 사물을 가지고 실제로 놀이해 본 환경적 요인이 영향을 주고 있다(윤애희, 박정민, 1999).

2) 영유아기 기본운동기술의 발달

신체운동 발달의 결정적 시기인 영유아기는 한 가지 기본운동기술 내에서도 단계를 따라 순차적으로 발달 및 향상을 보이게 된다. 겔라휴(Gallahue, 1982)는 기본운동기술이 다음과 같은 시작, 초보, 성숙의 3단계로 발달한다고 하였다.

① 시작단계 : 2~3세에 해당하며 기본운동기술에 대해 처음으로 의도적으로 시도하는 시기로 기본운동기술이 미숙하고 신체협응이 이루어지지 않는다.

② 초보단계 : 4~5세에 해당하며, 기본운동기술은 이전 단계에 비해 신체협응력이 향상되어 나타나지만 여전히 서툴거나 유연성이 부족하다.

③ 성숙단계 : 6~7세에 해당하며, 기본운동기술이 능숙하고 신체협응력이 증가하

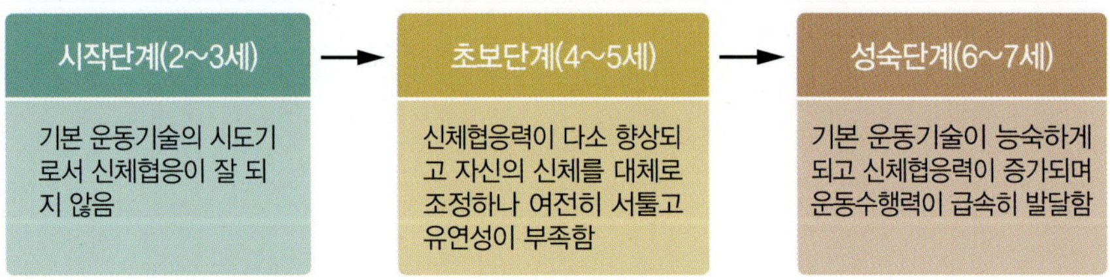

그림 2-3 **기본운동기술의 발달 과정**

출처: Gallahue, D. L., & Ozmun, J. C.(2009). 운동발달의 이해-유아, 아동, 청소년, 성인.

며, 운동수행능력이 효율적이고 움직임에 대한 제어와 협응이 향상되어 나타난다(Gallahue & Ozmun, 2009).

다음은 겔라휴(Gallahue, 1982)의 기본운동기술, 즉 이동 운동기술, 제자리·안정 운동기술(균형 잡기, 구르기, 피하기), 조작적 운동기술의 발달과정에 대해 구체적으로 살펴보고자 한다(윤애희, 박정민, 1999; 황순각, 2003).

(1) 이동 운동기술

이동 운동기술은 몸을 한 곳에서 다른 곳으로 이동할 때 사용되는 기술이다. 먼저 영유아기에 발달되는 이동 운동기술과 습득 시기, 실행 수준을 살펴보면 다음 그림과 같다.

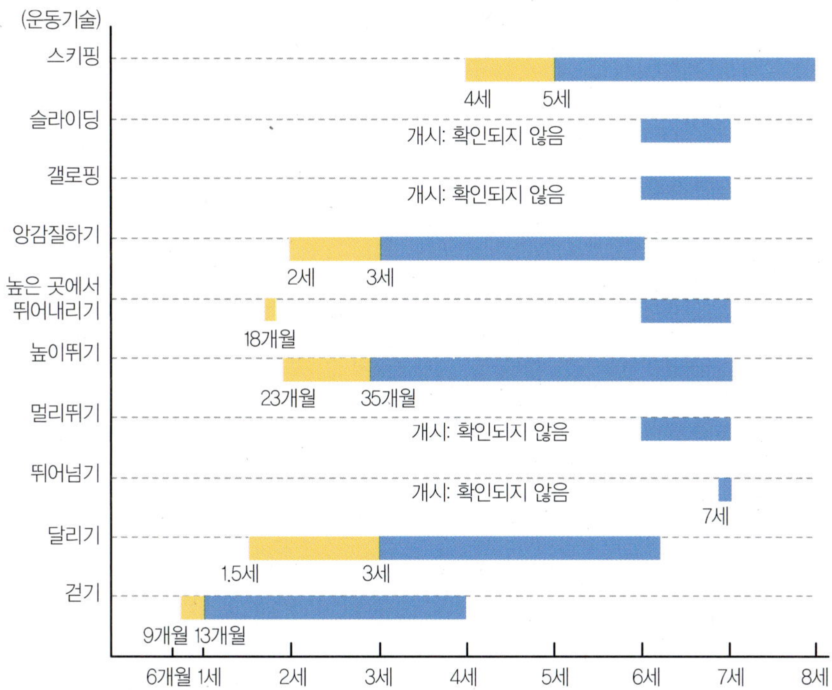

그림 2-4 **이동 운동기술의 습득순서와 실행 수준**

출처 : 윤애희, 박정민(1999). 유아체육교육의 이론과 실제. p.28

① 달리기

달리기는 걷기 기술의 확장으로 몸을 순간적으로 공중에 뜨게 하며 몸의 무게를 한 발에서 다른 발로 옮기는 운동기술이다. 달리기는 18~24개월에 시작되며 4~6세에 성숙한 수준이 나타난다.

- 시작단계
  - 다리의 흔들림이 짧고 보폭이 고르지 않다.
  - 걸음이 경직되어 있다.
  - 상체의 기울임이 전혀 없다.
  - 팔은 몸의 중간쯤에서 엇갈린다.
  - 몸이 공중에 뜨는 모습을 관찰할 수 없다.

- 초보단계 -보폭의 길이와 속도가 증가한다.
  - 과장된 팔의 흔들림이 있다.
  - 상체는 과장되게 앞쪽으로 기울여진다.
  - 가끔 몸이 공중에 뜨는 모습을 관찰할 수 있다.
  - 발이나 다리의 아랫부분을 바깥쪽으로 올린다.
- 성숙단계 -속도가 빨라진다.
  - 보폭이 길어진다.
  - 지탱한 다리가 완전히 펴진다.
  - 팔이 다리와 반대로 움직인다.
  - 달리기 전 무릎을 굽히고 몸을 앞으로 숙이는 등 준비 자세를 한다.

② 멀리뛰기(수평적 점핑)

뛰기는 한 발이든 두 발이든지 간에 신체를 지면으로부터 도약시키고 두 발로 착지하는 것이다. 뛰기는 3가지 다른 방향, 즉 멀리뛰기(수평적 점핑), 높이뛰기(수직적 점핑), 높은 곳에서 뛰어내리기(높은 곳으로부터 점핑)이 포함된다.

높이뛰기(수직적 점핑)의 시작은 23~35개월에 시작되며, 멀리뛰기(수평적 점핑)는 높이뛰기 후에 발달된다(Wickstrom, 1977). 뛰기의 성숙한 수준은 7세인 것으로 보인다(Gallahue, 1993). 이 중에서 수평적 점핑인 멀리뛰기의 발달과정에 대해 살펴보겠다.

- 시작단계 -도약 시 몸, 발목, 무릎 등을 충분히 구부리지 못한다.
  - 앞으로 뛰고 싶어 하지만 몸은 위로 뛰어오른다.
  - 두 발 사용이 어렵다.
  - 팔을 적절하게 사용하지 못한다.
  - 착지할 때 뒤로 주저앉는다.
- 초보단계 -준비할 때 엉덩이와 무릎을 굽히는 자세를 취한다.
  - 도약 시 몸을 확장하며 앞으로 뛰어오른다.
  - 착지를 위해 두 발을 사용한다.

-착지할 때 몸의 무게가 뒤로 쏠린다.

• 성숙단계 -준비 시 팔을 뒤로 높이 든다.
-출발 시 팔을 힘차게 앞으로 흔들며 높이 뻗는다.
-멀리 뛴 거리가 증가한다.
-도약 시 팔목, 무릎, 엉덩이가 완전히 펴진다.
-착지할 때 몸의 무게가 앞으로 쏠린다.

③ 앙감질하기(홉핑)

앙감질하기(홉핑)은 반복적으로 같은 다리를 도약하고 그리고 나서 같은 발로 착지하는 것으로 한쪽 다리를 들어 올린 채 균형을 유지해야 한다. 처음 앙감질하는 나이는 2세 정도인 것으로 보이며, 성숙한 패턴의 앙감질을 연속적으로 실행하는 것은 5, 6세의 아동에게 나타난다(Siedentop et al., 1984).

• 시작단계 - 딛지 않는 다리를 적게 구부린다.
- 몸이 똑바로 서 있다.
- 몸의 균형을 쉽게 잃는다.
- 한 번 뛰어오를 때 낮은 높이와 거리만큼 뛰어오른다.
- 한 번 또는 두 번 정도의 앙감질만 할 수 있다.

• 초보단계 - 딛지 않는 다리를 지나치게 들어올린다.
- 상체를 지나치게 앞으로 구부린다.
- 5번 이상의 연속적인 앙감질을 할 때 균형 잡기가 어렵다.

-과장되게 팔을 흔든다.
-한쪽 발 앙감질이 수월하다.

• 성숙단계 -딛지 않는 다리를 적게 구부린다.
-몸을 앞으로 숙인다.
-딛지 않는 다리의 리듬적인 움직임이 있다.
-팔도 다리와 같은 리듬으로 움직인다.
-양쪽 발 모두 효과적으로 앙감질한다.

(2) 제자리·안정 운동기술

제자리·안정 운동기술은 모든 움직임에 나타나며 개인이 운동기술을 수행하는 동안 균형을 유지하기 위해 수행되는 움직임을 말한다.

① 균형 잡기(평균대 걷기)

균형 잡기는 정적인 자세나 움직이는 활동을 수행할 때 균형감각을 유지할 수 있는 능력으로 정적인 균형과 동적인 균형으로 구분할 수 있다. 정적인 균형은 똑바로 선 자세에서 균형을 유지하는 기술이고, 동적인 균형은 움직이는 동안 균형을 유지하는 기술을 말한다.

영유아는 22~23개월 정도에 순간적으로 처음 한 발로 설 수 있으며, 24개월의 경우 평균대에 설 수 있고, 28개월에 앞으로 이동하려고 시도하며, 38개월된 유아는 평균대를 걷기 스텝을 번갈아 가면서 갈 수 있다(Bayley, 1969).

• 시작단계 -두려워하며 움직임이 경직되어 있다.
-딛고 있는 다리를 지탱하기 위해 다른 다리를 위쪽으로 든다.
-균형을 잡기 위해 팔을 위아래로 지나치게 흔든다.
-잠깐 균형을 잡을 수 있지만 곧 균형을 잡지 못한다.
-다른 사람이나 도구의 도움을 받아 균형을 잡는다.

• 초보단계 -딛고 있는 다리와 다른 다리를 나란히 둔다.

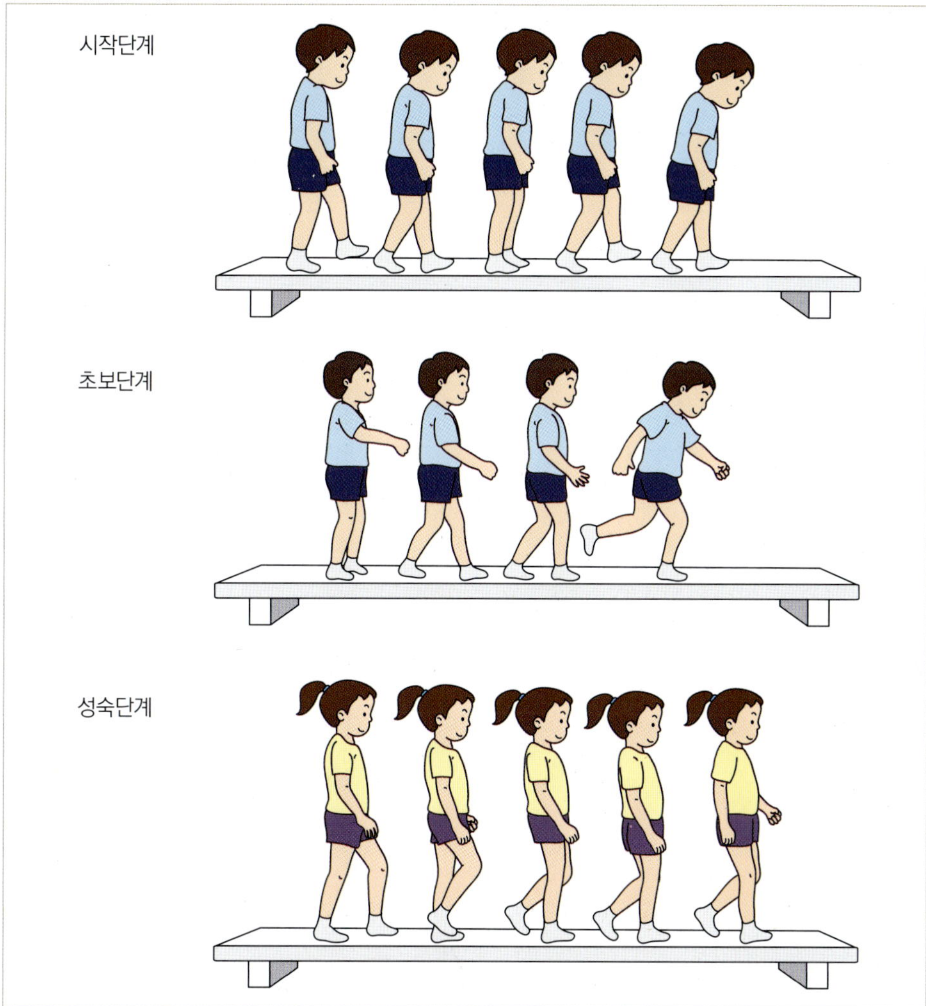

-균형을 잡기 위해 팔을 몸 한쪽에 붙인다.
-균형을 잡을 수 있지만 몸통의 흔들림이 있다.
-눈은 디딘 발만 본다.

• 성숙단계 -몸통도 안정되게 균형을 잡는다.
-팔을 양쪽으로 벌리며 안정되게 균형을 잡는다.
-딛지 않는 다리를 의도하는 방향을 든다.

-딛는 다리를 바꾸며 균형을 잡는다.

-물건을 들고 균형을 잡는다.

② 구르기

구르기는 신체의 방향을 바꾸며 무게를 수평으로 이동하는 기본운동이다. 구르기는 앞으로, 옆으로, 뒤로 할 수 있다. 구르기는 3세 무렵에 시작되며, 성숙한 구르기 운동기술은 6세 무렵에 수행할 수 있다.

- 시작단계 -머리가 땅 표면에 강하게 댄다.
  -엉덩이만 높게 올리며 몸체를 둥글게 유지하지 못한다.
  -팔의 조정이 어렵다.
  -앞, 뒤 구르기가 힘들다.
- 초보단계 -머리가 땅 표면에 닿는다.

- 몸체를 둥글게 구부린다.
- 손과 팔의 조정을 시도하지만 몸을 밀어 올리지는 못한다.
- 한 팔로 밀어 내어 선을 따라 똑바로 구르기를 하지 못한다.
- 한 번의 구르기가 이루어진다.
- 현기증을 느낀다.

• 성숙단계
- 머리 뒷부분이 땅 표면에 가볍게 닿는다.
- 몸체를 둥글게 구부린 채 유지한다.
- 팔을 잘 사용하며 구르는 힘도 지탱한다.
- 연속 구르기를 한다.

③ 피하기

피하기는 사물이나 사람을 피하기 위해 몸 전체를 재빨리 움직이는 운동기술이다. 제자리에 선 상태에서 이루어지기도 하고 움직이면서 이루어지기도 한다. 피하기는 3세 정도에 시작되며, 6세 무렵에 성숙한 피하기를 할 수 있다.

• 시작단계
- 피하는 방향으로 전환이 어렵다.
- 피할 때 주저하거나 경직된 동작이 나타난다.
- 발이 교차된다.

• 초보단계
- 피하는 방향으로 천천히 움직인다.
- 한 쪽 방향으로 잘 움직인다.
- 몸을 너무 많이 뛰어오른다.

• 성숙단계
- 피하기 위해 무릎을 굽히고 몸을 앞으로 숙이는 등 준비 자세를 한다.
- 방향으로 바꿔가며 움직인다.
- 빠르게 여러 번 연속해서 움직인다.

(3) 조작적 운동기술

조작적 운동기술은 개인이 사물로부터 나온 힘을 흡수하거나 사물에게 힘을 가하는 것을 의미한다.

① 던지기

던지기는 손을 사용하여 물체를 공중으로 날리는 운동기술이다. 영유아는 만 2세 무렵에 공 던지기를 시작할 수 있으며, 만 6세 무렵에 성숙한 공 던지기를 수행할 수 있다. 던지기는 3가지 패턴, 즉 오버핸드로 던지기, 언더핸드로 던지기, 그리고 옆으로 던지기가 있다. 이 중에서 오버핸드 던지기의 발달과정에 대해 살펴보겠다.

- 시작단계 -주로 팔꿈치를 이용하므로 미는 동작과 비슷하다.
  - -던지는 동안 몸통과 발의 움직임이 별로 없다.
  - -던질 때 손가락을 편다.
- 초보단계 -팔를 머리 위쪽에서 회전시키며 던진다.
  - -던지는 팔과 같은 쪽의 발을 앞으로 움직인다.
  - -던지는 팔과 반대쪽의 다리를 움직이지 않는다.
  - -어깨와 몸통을 던지는 방향으로 움직인다.
  - -체중을 앞으로 이동한다.
- 성숙단계 -준비하는 동안 던지는 팔을 백스윙한다.

-던지는 팔의 균형을 잡기 위해 다른 쪽 팔을 들어올린다.
-어깨, 등, 엉덩이, 다리가 던지는 동안 함께 움직인다.
-던지고 난 후 체중이 앞으로 이동하면서 반대쪽 발을 앞으로 내딛는다.

② 차기

차기는 물체에 힘을 가하기 위해 발을 사용하는 것으로, 발을 뒤로 흔들지 않고 주로 한 발로 밀어 내는 운동기술이다. 차기는 3살 정도에 시작되며 6살 정도가 되면 성숙한 차기를 실행할 수 있다. 차기에는 바닥 위에 정지되어 있는 공 차기와 공중에 떠 있는 공이 바닥에 닿기 전에 차기가 있다. 이 중에서 바닥 위에 정지되어 있는 공 차기의 발달과정에 대해 살펴보겠다.

- 시작단계
  -몸통은 수직으로 바로 서 있다.
  -다리는 백스윙 없이 제한되어 있거나 없다.
  -차기 위해 몸의 힘을 사용하지 못한다.
  -정면으로 공을 차지 못한다.
  -공에 초점을 맞추지 못해서 공 차는 것을 놓친다.
  -공을 차고 난 후 균형을 잃기도 한다.
- 초보단계
  -팔과 다리를 반대로 사용하지 못한다.
  -무릎 백스윙이 이루어진다.
  -다리를 한두 발 움직이면서 찬다.
  -공을 차는 속도를 변화시키지 못한다.
  -한 발로만 차고 양쪽 발로 차지 못한다.
- 성숙단계
  -차는 동안 팔은 발과 다른 방향으로 움직인다.
  -차는 동안 다리가 허벅지부터 움직인다.
  -다리 스윙의 폭이 커진다.
  -마무리는 허리를 구부리며 이루어진다.

③ **잡기**

잡기는 던져진 물체를 멈추기 위해 손을 사용한다. 잡기는 밑에서 잡기와 위에서 잡기로 나눌 수 있지만 이 두 가지 유형은 같은 기술이다.

잡기의 최초 시도는 12~14개월 정도에 나타난다. 잡기 운동기술은 사물의 움직임, 속도, 방향에 따라 조절해 가면서 발달하는데 공과 같은 사물을 잡는 시도는 34개월 정도에 나타나며, 잡기의 성숙한 운동기술 수행은 6~7세에 나타난다.

• 시작단계 - 양발을 벌리고 서 있다.
- 양팔을 몸에 가까이 붙이고 있다.
- 공이 날아오는 방향으로 손가락에 힘을 준 채 내밀고 있다.
- 눈은 공을 던지는 사람을 쳐다보거나 눈을 감는다.
- 양발과 양팔을 벌리고 서 있다.

• 초보단계 - 손바닥을 몸에서 조금 떨어져서 내밀고 있다.
- 손을 너무 일찍 오므리거나 너무 늦게 오므린다.

-공과 일치되게 몸을 움직이지 못한다.
-공을 서 있는 자세에서 허리 위에서 잡는다.

• 성숙단계
-팔과 손바닥을 몸에서 멀리 떨어져서 내밀고 있다.
-공과 일치되게 팔고 다리, 몸을 움직인다.
-물체가 날아오는 방향에 눈을 정확하게 맞추고 있다.
-공을 서 있는 자세에서 허리 아래에서 안정되게 잡는다.
-빠르게 날아오는 공을 잡을 때도 균형을 잡는다.
-잡기를 마무리하는 동안 무릎을 굽힌다.

3. 체력 발달

체력은 신체적 활동의 기반이 되는 신체적 능력과 정신적 능력을 의미하며, 인간이 살아가는 데 필요한 생활력이며 그 사람의 건강 상태를 확인하는 척도가 된다. 체력은 자신의 건강을 유지하기 위해 스트레스에 견디는 능력으로서 생활의 기반이 되는 신체적 능력이라고 할 수 있다(서울대학교 체육연구소, 1991).

영유아기는 신체적으로 불안전한 상태에 있기 때문에 사고와 상해의 위협을 항상 가지고 있으므로 영유아가 자신의 신체를 어느 정도 보호할 수 있는 기본체력을 갖추는 것이 매우 중요하다(윤애희, 박정민, 1999). 영유아에게 요구되는 기초체력 요소는 크게 근력, 근지구력, 심폐지구력, 유연성, 평형성, 협응력 등으로 구분되는데, 이 요소들은 서로 밀접한 관계를 맺고 있지만 제각기 독특한 특성을 지니고 있기 때문에 서로 구분하여 발달시켜야 한다. 즉, 강한 근력을 지니고 있다 하더라도 심폐지구력이 약할 수 있으며, 협응력이 뛰어나더라도 유연성이 떨어질 수 있다. 영유아기에 필요한 기초체력의 요소에 대해 구체적으로 살펴보면 다음과 같다.

1) 근력 및 근지구력

근력이란 근육의 능력으로 무게, 힘 등의 저항에 대하여 근육이 한 번에 최대로 낼 수 있는 힘을 말하며, 근지구력이란 저항에 대하여 반복하여 힘을 내는 것 또는 수축을 지속적으로 할 수 있는 능력을 말한다. 이러한 근력과 근지구력은 영유아에게 강한 힘을 길러주고 일상생활은 물론이고 운동을 하는 데 필수적인 요소이다. 근력이나 근지구력은 충분히 사용하지 않으면 발달하지 않기 때문에 영유아기부터 계획적인 신체활동을 통하여 근력을 키울 필요가 있다.

영유아의 근육은 1세 무렵에는 낮은 강도의 신체활동에도 빨리 피로를 느끼기고 동시에 회복도 빠르다. 3~4세 무렵에는 근력이 급속히 발달하여 5~6세가 되면 체중의 약 75%를 근력이 차지하게 된다. 근력이 강한 영유아들은 균형 잡힌 체격을 만들어 주고, 용기와 자신감, 그리고 적극적이고 활기찬 생활태도를 가질 수 있게 된다(서울대학교 체육연구소, 1991),

- 근력 및 근지구력 운동 : 윗몸 일으키기, 팔굽혀펴기, 매달리기, 밀기, 끌기, 턱걸이, 앉았다 일어서기 등

2) 심폐지구력

심폐지구력은 필요한 영양분, 특히 산소를 근육에 공급하고 장시간 운동 결과 생기는 노폐물을 제거하는 능력을 말한다. 이는 전신적인 운동이나 작업을 얼마나 오랫동안 지속할 수 있느냐 하는 능력을 결정하기 때문에 전신지구력이라고도 불린다(서울대학교 체육연구소, 1991).

심폐지구력은 움직이면서 힘을 사용하는 동안 많은 양의 산소가 필요하기 때문에 꾸준하고 점진적인 활동을 통해 발달하고 심장병의 위험도 줄인다. 그러므로 영유아기부터 꾸준하고 점진적인 심폐지구력 활동을 기대할 수 있다.

- 심폐지구력 운동 : 달리기, 뛰기, 오르기, 자전거 타기, 점프하기 등

3) 유연성

유연성은 뻣뻣함이나 딱딱함 없이 자연스럽게 관절을 충분히 움직일 수 있는 능력을 말한다. 유연성은 부드럽고 효율적으로 움직이는 데 필수적이며, 몸의 균형을 잡거나 바른 자세를 취하는 데 크게 작용한다(서울대학교 체육연구소, 1991).

영유아는 유연성 운동을 통해서 근육의 탄력성과 운동범위의 증가를 가져올 수 있으며, 아울러 운동시 상해를 예방할 수 있다는 점에서 영유아에게 반드시 필요한 체력요소이다.

- 유연성 운동 : 스트레칭, 림보놀이, 손목 또는 발목 돌리기, 어깨와 귀 닿기, 몸으로 비행기 만들기, 발 들어올리기, 구르기, 훌라후프 돌리기 등

4) 평형성

평형성은 움직이거나 정지한 상태에서 균형을 유지하는 능력으로 신체의 안전 유지와 사고 및 위험을 예방하는 데 중요한 역할을 하는 능력이다(서울대학교 체육연구소, 1991). 영유아의 평형감각을 발달시키면 바르고 좋은 자세를 유지시킬 수 있으며, 안정된 동작으로 운동에 참여할 수 있게 된다.

- 평형성 운동 : 한 발로 서기, 평균대 걷기, 줄 따라 걷기, 회전하여 중심잡기, 발씨름, 손바닥 밀고 당기기 등

5) 민첩성

민첩성이란 정해진 공간에서 몸의 방향을 재빨리 정확하게 전환하는 능력을 말한다. 연속적으로 몸의 방향을 바꾸는 동작을 위해 신체의 평형감각이 매우 중요하므로 평형성과도 밀접한 관련을 가진다(서울대학교 체육연구소, 1991).

민첩성은 유아동기에 급격히 발달하였다가 청소년기에 들어 점차적으로 감소 경향을 보이므로(박길준, 박대섭, 박형섭, 2000) 유아기에 민첩성 관련 여러 가지 운동이 충분히 이루어져야 한다.

• 민첩성 운동 : 장애물 빠져나가 달리기, 장벽 뛰어 넘기, 왕복 달리기, 신호 따라 방향 바꾸기 신속히 눕고 일어서기 등

6) 순발력

순발력이란 단시간에 폭발적으로 힘을 내는 능력을 의미하며 실제로 운동을 하면서 순간적인 근수축에 의해 발휘되는 힘이다(서울대학교 체육연구소, 1991). 영유아기에는 순발력을 발휘하기 위한 팔다리의 협응능력이 완전히 발달하지 않아 순간적인 근수축 및 근력의 발휘가 미숙하다(박길준 외, 2000). 그러므로 팔다리와 각 근육 수축과의 협응으로 함께 구성된 활동을 통하여 발달을 도모하여야 한다.

• 순발력 운동 : 높이뛰기, 제자리 멀리뛰기, 단거리 빨리 달리기, 개구리 점프하기, 공 던지기, 두 발 모아 뛰기 등

7) 협응성

협응성이란 몸 전체를 신속하고 능률적으로 조정하고 통제할 수 있는 능력을 말한다. 협응성은 두 개 이상의 신체 부위의 조화를 목표로 하며 주로 기구를 많이 사용하여 활동하기 때문에 특히 영유아의 동기나 흥미의 측면에서 볼 때 운동을 보다 잘할 수 있게 하는 능력으로 협응력의 향상을 통하여 영유아는 보다 적극적인 신체활동을 하게 된다(서울대학교 체육연구소, 1991).

〈표 2-1〉은 서울 및 경기도 지역의 유치원에서 만 4세, 만 5세 각 연령 및 남, 여 성별에 따라 1,000명씩 총 4,000명을 무선 표집하여 측정한 체력요소를 연령과 성별로 구분하여 정리한 평균 점수이다(안을섭, 2005).

표 2-1 연령별·성별 특성에 따른 체력 결과(만 4~5세)

		체력요인	근지구력	유연성	평형성	민첩성	순발력
		측정종목	V자 앉기(초)	앉아서 윗몸 굽히기(cm)	한 발 서기(초)	5m 왕복 달리기(초)	제자리 멀리 뛰기(cm)
4세	남	평균	35.9	5.6	5.8	10.3	87.1
	여	평균	41.8	9.2	5.5	10.9	77.2
5세	남	평균	48.0	8.5	18.2	9.3	106.6
	여	평균	52.1	9.3	17.0	10.0	91.0

출처: 안을섭(2005), 유아의 체력 평가기준에 관한 연구.

제3장

국가수준 교육과정에 따른 영유아 신체활동

1. 표준보육과정에 나타난 영아를 위한 신체활동의 내용 | 2. 누리과정에 나타난 유아를 위한 신체활동의 내용

영유아를 위한 국가수준 교육과정은 2012년 7월 고시된 3~5세 연령별 누리과정과 2013년 고시된 제3차 어린이집 표준보육과정을 들 수 있다. 국가수준에서 영유아들에게 제공하는 신체활동의 내용도 표준보육과정과 누리과정에서 찾아볼 수 있다. 표준보육과정에서는 '신체운동'영역은 누리과정에서 '신체운동·건강'영역에 해당한다. 이 영역에서 신체활동과 관련한 내용은 '감각과 신체 인식하기', '신체 조절과 기본운동하기', '신체활동에 참여하기'가 포함된다. 이 장에서는 국가수준 교육과정에 따른 영유아 신체활동 내용인 '감각과 신체 인식하기', '신체 조절과 기본운동하기', '신체활동에 참여하기'에 대해 구체적으로 살펴보고자 한다.

1. 표준보육과정(0~2세)에 나타난 영아를 위한 신체활동의 내용

영아를 위한 신체활동의 내용을 살펴보기 위해 표준보육과정에 나타난 내용을 살펴보고자 한다. 2013년 1월 21일에 개정된 제3차 표준보육과정은 어린이집의 만 0~2세 영아들에게 국가수준에서 제공하는 보편적이고 공통적인 보육의 목표와 내용을 제시한 것이다. 모든 어린이집은 표준보육과정에 따라 영유아를 보육하도록 노력하여야 한다.

표준보육과정의 신체활동 관련 내용은 '신체운동'영역에서 찾아볼 수 있다. '신체운동' 영역에서 신체활동 관련 내용은 0~1세 보육과정, 2세 보육과정으로 크게 나뉘며, 각 연령별 보육과정은 수준별 세부 내용으로 구성되어 있다. 즉, 0~1세 보육과정은 4개의 수준, 2세 보육과정은 2개 수준으로 세부 내용이 구성되어 있다. 구체적으로 표준보육과정 중 '신체운동'영역을 살펴보면 다음과 같다(보건복지부, 2013a).

1) 성격

신체운동영역은 다양한 신체활동을 통하여 자신의 신체에 대해 긍정적으로 인식하고 일상생활에 필요한 기본운동능력을 기르며, 신체활동에 즐겁게 참여하도록 하기 위한 영역이다. 신체운동영역은 '감각과 신체 인식하기', '신체 조절과 기본운동하기', '신체활동 참여하기'의 세 가지 내용범주로 구성되어 있다.

- 감각과 신체 인식하기 : 영아가 감각능력을 기르고 감각기관을 활용하며 자신의 신체를 긍정적으로 인식하도록 한다.
- 신체 조절과 기본운동하기 : 영아가 협응력과 신체 조절능력을 기르고, 신체균형감각을 익히며 이동운동, 제자리운동 등의 기본운동능력을 습득하여 자신의 신체를 조절하고 활발하게 움직일 수 있도록 한다.
- 신체활동에 참여하기 : 영아가 신체활동에 자발적으로 참여하고 다양한 기구를 활용한 신체활동 경험을 통해 기초체력을 기르며 매일 규칙적으로 실외활동에 참여할 수 있도록 한다.

2) 목표

0~1세 신체운동 영역 목표	2세 신체운동 영역 목표
감각 및 기본 신체운동을 기른다.	감각, 신체 조절 및 기본운동능력을 기른다.
1. 감각기능을 발달시키고 자신의 신체를 탐색한다. 2. 대·소근육을 조절하고 걷기 등의 능력을 기른다. 3. 규칙적으로 신체활동에 참여한다.	1. 감각능력을 기르고, 자신의 신체 움직임을 탐색한다. 2. 안정된 자세로 대·소근육을 조절하고 기본운동능력을 기른다. 3. 규칙적으로 신체활동에 참여한다.

3) 내용

(1) 내용 체계

내용범주	0~1세 내용	2세 내용
감각과 신체 인식하기	감각적 자극에 반응하기	감각능력 기르기
	감각기관으로 탐색하기	감각기관 활용하기
	신체 탐색하기	신체를 인식하고 움직이기
신체 조절과 기본운동하기	신체 균형 잡기	신체 균형 잡기
	대근육 조절하기	대근육 조절하기
	소근육 조절하기	소근육 조절하기
	기본운동하기	기본운동하기
신체활동에 참여하기	몸 움직임 즐기기	신체활동에 참여하기
	바깥에서 신체 움직이기	바깥에서 신체활동하기
	기구를 이용하여 신체활동 시도하기	기구를 이용하여 신체활동하기

(2) 세부 내용

0~1세를 대상으로 하는 신체활동 관련 내용을 4개의 수준, 2세를 대상으로 하는 내용은 2개의 수준으로 구분하여 제시하면 다음과 같다.

표 3-1 신체운동영역의 신체활동 관련 세부 내용

<table>
<tr><th rowspan="2">내용 범주</th><th colspan="5">0~1세 보육과정</th><th colspan="3">2세 보육과정</th></tr>
<tr><th>내용</th><th>1수준</th><th>2수준</th><th>3수준</th><th>4수준</th><th>내용</th><th>1수준</th><th>2수준</th></tr>
<tr><td rowspan="5">감각과 신체 인식하기</td><td rowspan="2">감각적 자극에 반응하기</td><td colspan="4">시각, 청각, 촉각, 후각, 미각으로 자극을 느낀다.</td><td rowspan="2">감각능력 기르기</td><td colspan="2" rowspan="2">다양한 감각적 차이에 반응한다.</td></tr>
<tr><td colspan="4">시각, 청각, 촉각, 후각, 미각으로 자극에 반응한다.</td></tr>
<tr><td>감각기관으로 탐색하기</td><td colspan="4">감각기관으로 주변 환경을 탐색한다.</td><td>감각기관 활용하기</td><td colspan="2">감각기관으로 주변 환경을 탐색한다.</td></tr>
<tr><td rowspan="2">신체 탐색하기</td><td rowspan="2">손과 발 등을 바라보며 탐색한다.</td><td colspan="3" rowspan="2">주요 신체 부분의 움직임을 탐색한다.</td><td rowspan="2">신체를 인식하고 움직이기</td><td colspan="2">신체 각 부분 명칭을 안다.</td></tr>
<tr><td colspan="2">신체 각 부분의 움직임을 탐색한다.</td></tr>
<tr><td rowspan="5">신체 조절과 기본운동하기</td><td>신체 균형 잡기</td><td>몸의 균형을 잡기 위해 자세를 시도한다.</td><td>붙잡고 서 있기 등의 자세를 취한다.</td><td colspan="2">안정되게 서 있기 등의 자세를 시도한다.</td><td>신체 균형 잡기</td><td colspan="2">안정된 자세를 취하려고 시도한다.</td></tr>
<tr><td>대근육 조절하기</td><td>뒤집기 등 몸을 조절하여 위치를 바꾼다.</td><td colspan="3">누웠다 앉기 등 몸의 움직임을 조절한다.</td><td>대근육 조절하기</td><td colspan="2">팔, 다리, 목, 허리 등 움직임을 조절한다.</td></tr>
<tr><td>소근육 조절하기</td><td>보이는 물체에 손을 뻗는다.</td><td colspan="3">눈과 손을 협응하여 소근육을 활용해 본다.</td><td>소근육 조절하기</td><td colspan="2">눈과 손을 협응하여 소근육을 조절해 본다.</td></tr>
<tr><td rowspan="2">기본운동 하기</td><td>배밀이 등 이동운동을 시도한다.</td><td>기기, 걷기 등 이동운동을 시도한다.</td><td colspan="2">걷기 등 이동운동을 시도한다.</td><td rowspan="2">기본운동 하기</td><td colspan="2">걷기, 계단 오르기 등 이동운동을 한다.</td></tr>
<tr><td colspan="2">팔다리 뻗기, 흔들기 등 제자리 운동을 시도한다.</td><td colspan="2">서 있기, 앉기 등 제자리 운동을 시도한다.</td><td colspan="2">제자리에서 몸을 움직여 본다.</td></tr>
<tr><td rowspan="3">신체활동에 참여하기</td><td>몸 움직임 즐기기</td><td colspan="2">몸을 활발히 움직인다.</td><td colspan="2">몸의 움직임을 다양하게 시도한다.</td><td>신체활동에 참여하기</td><td colspan="2">신체활동에 자발적으로 참여해 본다.</td></tr>
<tr><td>바깥에서 신체움직이기</td><td colspan="2">규칙적으로 바깥환경을 경험한다.</td><td colspan="2">규칙적으로 바깥에서 신체활동을 한다.</td><td>바깥에서 신체활동하기</td><td colspan="2">규칙적으로 바깥에서 신체활동을 한다.</td></tr>
<tr><td>기구를 이용하여 신체활동 시도하기</td><td></td><td colspan="3">간단한 기구를 이용하여 신체활동을 시도한다.</td><td>기구를 이용하여 신체활동하기</td><td colspan="2">간단한 기구를 이용하여 신체활동을 한다.</td></tr>
</table>

4) 영아의 신체운동영역 발달을 위한 교사 지도지침

영아기 신체운동발달은 각 연령 간 차이가 클 뿐만 아니라 같은 연령 내에서도 개인차가 있으며 한 개인이 가지고 운동능력도 차이가 있다. 따라서 '신체운동'영역의 목표를 달성하기 위해서는 먼저 영아들이 하루 일과 속에서 다양한 감각을 통해 주변 환경을 탐색하도록 하고, 자신의 능력 범위 내에서 다양하게 신체를 움직이면서 기본운동능력이 습득되도록 도움을 주어야 한다. 또한 다양한 놀이시설과 기구를 사용함은 물론, 기본운동이나 여러 가지 신체활동을 통해 영아의 기초체력이 형성되도록 도와주어야 한다.

영아의 신체운동능력 발달을 위한 교사가 지도할 때 참고해야 할 지도지침에 대해 연령별로 살펴보면 다음과 같다.

(1) 0~1세

- 영아가 여러 감각적 경험을 통해 주변 환경과 자신의 신체를 탐색하므로 교사는 시각, 청각, 촉각, 후각 등의 다양한 감각적 자극을 제공한다.
- 일상생활 속에서 접할 수 있는 감각적 경험을 충분히 활용한다.
- 교사가 함께 하는 신체활동에서 애착이 커지고 심리적 안정감을 얻도록 배려한다.
- 영아는 자신의 몸에 관심이 많으며 자신의 몸이 좋은 놀잇감이 된다. 따라서 영아가 몸을 움직일 때 신체부분이나 움직임에 대해 언어로 표현해 준다.
- 신체활동을 위한 공간이 충분한지, 시설과 자료들이 안전한지 수시로 환경을 점검, 확인, 준비한다.
- 영아의 신체발달 속도가 빠르고, 개인차도 크므로 교사는 영아의 움직임과 신체 조절 능력을 관찰한 후 영아의 발달적 개인차에 맞추어 지도해야 한다.
- 간단한 신체놀이를 반복함으로써 운동능력과 협응력의 발달을 돕는다.
- 영아가 자신의 움직이는 모습을 볼 수 있도록 벽면에 전신이 보이는 안전거울을 설치한다.

- 자유롭게 몸을 움직일 수 있는 개방된 공간을 제공한 후 안전을 위하여 교사가 지켜본다.
- 영아가 다양한 움직임을 시도해 보도록 언어적·비언어적으로 격려한다.
- 잡고 걸을 수 있도록 벽을 따라 설치된 봉, 밀고 끄는 차, 승용 놀잇감, 영아용 그네 등 대근육활동을 촉진할 수 있는 다양한 신체활동 기구와 놀잇감을 제공함으로써 영아의 신체활동을 지원한다.
- 영아의 연령이 높아지면 실내에서 실시했던 신체활동방법을 변화시켜 바깥에서 실시한다.

(2) 2세

- 일상생활과 자연 환경 속에서 접할 수 있는 다양한 감각적 경험을 충분히 제공한다.
- 영아의 감각적 차이에 대한 반응을 관찰하고 격려한다.
- 신체를 이용한 놀이나 게임을 통하여 신체 부분을 인식하도록 한다.
- 영아가 몸을 움직일 때 신체의 명칭이나 움직임에 대해 상호작용한다.
- 오감각을 자극할 수 있는 다양한 자료와 환경을 구성한다.
- 영아가 몸을 움직일 때 신체의 명칭이나 움직임에 대해 상호작용한다.
- 안정된 걷기는 가능하나 동작기술이나 조절능력은 여전히 미숙하므로 영아용 정글짐이나 탈것 등 대근육발달이나 신체 조절력과 균형감각을 증진할 수 있는 놀이기구를 제공한다.
- 빠르게 발달하는 영아의 운동능력과 신체 조절능력을 잘 관찰하고 개인차를 고려하여 활동을 제공하고 적절히 상호작용한다.
- 구슬 꿰기 등의 조작교구를 제공함으로써 소근육발달과 눈과 손의 협응력을 기르도록 돕는다.
- 영아가 자유롭게 신체를 움직일 수 있도록 적절한 공간과 기본적인 신체운동을 할 수 있는 시간을 규칙적으로 제공한다.
- 교사는 영아의 움직임에 적절히 반응함으로써 신체활동을 격려하고 신체활동 후에는

간단한 휴식시간을 마련하여 신체 리듬의 조절을 돕는다.

• 영아가 실내뿐만 아니라 실외에서도 안전하게 신체활동에 참여할 수 있도록 실내·외 놀이기구를 안전하게 설치·관리하고, 위험요소에 대해서 영아가 인식하도록 안내한다.

2. 누리과정(3~5세)에 나타난 유아를 위한 신체활동의 내용

유아를 위한 신체활동의 내용을 살펴보기 위해 어린이집과 유치원에서 공통적으로 적용하고 있는 누리과정에 나타난 신체활동 관련 내용을 살펴보고자 한다. 2013년 1월 21일에 개정된 누리과정은 만 3~5세 유아들에게 국가수준에서 제공하는 보편적이고 공통적인 보육의 목표와 내용을 제시한 것이다. 모든 유치원과 어린이집은 만 3~5세 유아들에게 누리과정에 따라 교육하도록 노력하여야 한다. 누리과정의 신체활동 관련 내용도 표준보육과정에서와 같이 '신체운동·건강'영역에서 찾아볼 수 있다. '신체운동·건강'영역에서 신체활동 관련 내용은 연령별로 만 3세, 만 4세, 만 5세로 구분한다. 구체적으로 누리과정 중 '신체운동·건강'영역을 살펴보면 다음과 같다(교육과학기술부, 2013a).

1) 성격

신체운동·건강영역은 유아가 자신의 신체를 긍정적으로 인식하고 신체활동에 즐겁게 참여함으로써 유아기에 필요한 기본운동능력과 기초체력을 기르고, 건강하고 안전한 생활을 실천하는 능력과 태도를 기르기 위한 영역이다.

2) 목표

3~5세 신체운동·건강영역 목표
기본운동능력과 건강하고 안전한 생활습관을 기른다.
1. 감각능력을 기르고, 자신의 신체를 긍정적으로 인식한다. 2. 신체를 조절하고 기본운동능력을 기른다. 3. 신체활동에 즐겁게 참여한다. 4. 건강한 생활습관을 기른다. 5. 안전한 생활습관을 기른다.

3) 내용

신체운동·건강영역은 '신체 인식하기', '신체 조절과 기본운동하기', '신체활동 참여하기', '건강하게 생활하기', '안전하게 생활하기'의 다섯 가지 내용범주로 구성되어 있다. 이 중 '신체 인식하기', '신체 조절과 기본운동하기', '신체활동 참여하기'가 신체활동의 내용과 관련이 있다.

(1) 내용 체계

신체운동 · 건강

- **신체 인식하기**
  - 감각능력 기르고 활용하기
  - 신체를 인식하고 움직이기
- **신체 조절과 기본운동하기**
  - 신체 조절하기
  - 기본운동하기
- **신체활동에 참여하기**
  - 자발적으로 신체활동에 참여하기
  - 바깥에서 신체활동하기
  - 기구를 이용하여 신체활동하기
- **건강하게 생활하기**
  - 몸과 주변을 깨끗이 하기
  - 바른 식생활하기
  - 건강한 일상생활하기
  - 질병 예방하기
  - 안전하게 놀이하기
- **안전하게 생활하기**
  - 교통안전 규칙 지키기
  - 비상시 적절히 대처하기

그림 3-1 **신체활동 관련 내용체계**

(2) 세부 내용

3~5세를 대상으로 하는 신체활동 관련 세부 내용을 연령별로 구분하여 구체적으로 제시하면 다음과 같다.

표 3-2 신체운동·건강영역의 신체활동 관련 세부 내용

내용범주	내용	3세	4세	5세
신체 인식하기	감각능력 기르고 활용하기	감각적 차이를 경험한다.	감각적 차이를 구분다.	감각으로 대상이나 사물의 특성과 차이를 구분한다.
		감각기관을 인식하고 활용해 본다.	여러 감각기관을 협응하여 활용한다.	
	신체를 인식하고 움직이기	신체 각 부분의 명칭을 알고, 움직임에 관심을 갖는다.	신체 각 부분의 특성을 이해하고 활용하여 움직인다.	
		자신의 신체를 긍정적으로 인식하고 움직인다.		

<table>
<tr><th>내용범주</th><th>내용</th><th>3세</th><th>4세</th><th>5세</th></tr>
<tr><td rowspan="7">신체 조절과 기본운동 하기</td><td rowspan="5">신체 조절하기</td><td>신체 균형을 유지해 본다.</td><td colspan="2">다양한 자세와 움직임에서 신체 균형을 유지한다.</td></tr>
<tr><td>공간, 힘, 시간 등의 움직임 요소를 경험한다.</td><td colspan="2">공간, 힘, 시간 등의 움직임 요소를 활용하여 움직인다.</td></tr>
<tr><td>신체 각 부분의 움직임을 조절해본다.</td><td colspan="2">신체 각 부분을 협응하여 움직임을 조절한다.</td></tr>
<tr><td colspan="3">눈과 손을 협응하여 소근육을 조절해 본다.</td></tr>
<tr><td></td><td></td><td>도구를 협응하여 여러 가지 조작운동을 한다.</td></tr>
<tr><td rowspan="2">기본운동하기</td><td>걷기, 달리기 등 이동운동을 한다.</td><td colspan="2">걷기, 달리기, 뛰기 등 다양한 이동운동을 한다.</td></tr>
<tr><td>제자리에서 몸을 움직여 본다.</td><td colspan="2">제자리에서 몸을 다양하게 움직인다.</td></tr>
<tr><td rowspan="2">신체활동에 참여하기</td><td>자발적으로 신체활동에 참여하기</td><td>신체활동에 자발적으로 참여한다.</td><td colspan="2">신체활동에 자발적이고 지속적으로 참여한다.</td></tr>
<tr><td></td><td colspan="3">다른 사람과 함께 하는 신체활동에 참여한다.</td></tr>
<tr><td rowspan="3">신체활동에 참여하기</td><td></td><td></td><td>자신과 다른 사람의 운동능력의 차이에 관심을 갖는다.</td><td>자신과 다른 사람의 운동능력의 차이를 이해한다.</td></tr>
<tr><td>바깥에서 신체활동하기</td><td colspan="3">규칙적으로 바깥에서 신체활동을 한다.</td></tr>
<tr><td>기구를 이용하여 신체활동하기</td><td colspan="3">여러 가지 기구를 이용하여 신체활동을 한다.</td></tr>
</table>

4) 유아의 신체운동·건강영역 발달을 위한 교사 지도지침

신체운동·건강영역은 유아가 자신의 신체를 긍정적으로 인식하고 즐겁게 신체활동에 참여함으로써 유아기에 필요한 기본운동능력을 기르기 위한 영역이다. 신체운동·건강영역의 목표를 달성하기 위해서는 유아들이 일상생활 속에서 오감각을 활용하여 감각능력을 기르고, 신체를 움직여 보는 다양한 경험을 통해 자신의 신체능력을 긍정적으로 인식하도록 도와주어야 한다. 또한 자신의 신체뿐만 아니라 다양한 기구를 활용하여 운동능력의 기초를 형성하고 체력을 기를 수 있는 다양한 신체활동에 참여하면서 즐거움을 느낄 수 있도록 도와주어야 한다.

유아의 신체운동능력 발달을 위해 교사가 지도할 때 참고해야 할 지도지침에 대해 구체적으로 살펴보면 다음과 같다.

- 시각, 촉각, 청각, 미각, 후각 등 여러 가지 감각기관을 사용할 수 있도록 권장하고, 다양한 경험의 기회를 제공한다.
- 신체 각 부분을 움직일 수 있는 구체적인 상황을 계획하여 제시함으로써 신체 각 부

분의 역할을 이해하도록 한다.

- 유아가 신체 균형을 유지하면서 머리, 몸통, 다리, 팔, 목, 어깨, 가슴, 배, 엉덩이 등의 근육을 조절하여 다양한 자세를 취하여 움직여 보도록 한다.
- 유아가 이동 동작과 제자리 동작 시 방향과 속도를 달리하여 시도할 수 있도록 한다.
- 움직임의 속도, 높이 등과 같은 다양한 조건을 제시하면서 유아가 다양한 움직임을 경험하고 만들어 볼 수 있는 경험을 제공한다.
- 유아의 주변에서 흔히 볼 수 있는 것이나 관심 있는 사물의 움직임을 관찰하고, 관찰한 것을 자발적으로 표현해 볼 수 있도록 한다.
- 유아들이 자신의 특성에 맞는 신체운동에 참여하여 성공적인 경험을 할 수 있도록 하고 서로의 차이를 인정할 수 있도록 한다.
- 유아의 경우 바깥놀이 시간을 1일 60분 이상 확보하도록 하고, 다양한 기구(리본, 공, 훌라후프, 자전거, 평균대, 뜀틀, 유니바 등)를 활용하여 신체활동을 하도록 한다.

제4장

영유아 신체활동의 내용

영유아교육 현장에서 중요하게 부각되고 있는 신체활동은 기본운동기술과 체력 요소를 포함하는 다양한 활동으로 기본운동기술, 기본운동기술을 활용한 신체활동, 신체 게임이 포함될 수 있다.

표 4-1 영유아 신체활동의 내용

신체활동 내용	
기본운동기술	•이동 운동기술(locomotor skill) •제자리·안정 운동기술(nonlocomotor·nontraveling skill) •조작적 운동기술(manipulative skill)
기본운동기술을 활용한 신체활동	•감각기관을 이용한 신체활동 •몸을 활용한 신체활동 •기구를 이용한 신체활동
신체 게임	•원 게임 •자유 대형 게임 •편 게임(일대일 편 게임, 릴레이 게임)

1. 기본운동기술

기본이 되는 움직임인 기본운동기술은 신체를 효율적으로 움직이는 데 필요한 운동능력이다. 기본운동기술이 형성되지 않으면 다른 신체활동을 성공적으로 수행할 수 없을 뿐만 아니라 인지, 정서, 사회성 등 발달의 모든 영역에 영향을 주게 된다. 영유아기에 형성한 기본운동기술은 이후에 보다 정교하고 복합적인 운동능력을 발달시키는 기초가 되며 건강한 신체발달을 이루게 된다.

영유아가 경험해야 하는 기본운동기술의 유형으로 겔라휴(Gallahue, 1982)는 이동 운동기술, 제자리·안정 운동기술, 조작적 운동기술로 나누고 있다.

표 4-2 기본운동기술의 유형

<table>
<tr><th>유형</th><th colspan="2">특징</th><th>예</th></tr>
<tr><td>이동 운동기술</td><td colspan="2">위치를 변경시킴으로써 외적인 공간으로 신체를 이동시키는 운동기술</td><td>걷기, 달리기, 뛰기, 뛰어 넘기, 앙감질하기, 말 뛰기, 옆으로 가기, 스키핑</td></tr>
<tr><td>제자리·안정 운동기술</td><td colspan="2">몸을 축으로 하여 장소를 옮기지 않고 제자리에서 움직이는 운동기술</td><td>구부리기, 뻗기, 꼬기, 구르기, 회전하기, 균형 잡기</td></tr>
<tr><td rowspan="2">조작적 운동기술</td><td rowspan="2">사물의 조작적 활용을 포함하는 동작활동으로 물체와의 관계에서 사물에 힘을 주거나 사물로부터 힘을 받게 되는 운동기술</td><td>대근육 조적적 운동: 사물에 힘을 가하거나 사물로부터 힘을 받는 운동기술</td><td>던지기, 잡기, 차기, 굴리기, 밀기, 당기기 등</td></tr>
<tr><td>소근육 조적적 운동: 정확하고 세밀하게 사물을 다루는 운동기술</td><td>신발끈 매기, 색칠하기, 가위질하기, 그리기, 바이올린 연주하기, 다트 던지기 등</td></tr>
</table>

출처: Gallahue, D. L., & Ozmun, J. C.(2009). 운동발달의 이해-유아, 아동, 청소년, 성인.

각 운동기술의 특징과 운동기술을 발달시킬 수 있는 활동에 대해 정리하면 다음과 같다(김원준, 2010; 김은심, 2004).

1) 이동 운동기술

이동 운동기술이란 공간을 마음껏 이동하면서 신체의 움직임을 극대화 할 수 있는 운동으로 인간이 환경 속에서 효과적으로 움직일 수 있는 방법을 습득하는 중요한 운동이다(이영, 전인옥, 김온기, 2004). 대표적인 이동 운동기술로는 달리기, 두 발 모아 뛰기, 앙감질하기, 뛰어 넘기, 스키핑 등이 포함된다. 이러한 이동 운동기술이 효율적으로 이루어지기 위해서는 제자리·안정 운동기술이 먼저 숙달되어야 하고, 이동 운동기술들이 정교화되고 세련되면 스포츠를 수행할 수 있게 된다.

(1) 걷기(워킹)

걷기는 한 발로 땅을 지지하면서 다른 발을 앞으로 이동하는 움직임으로 바닥과 접촉을 유지한 상태로 한 발의 발끝에서 다른 발의 뒤꿈치로 균형 있게 체중을 옮김으로써 공간 속으로 이동하는 운동기술이다. 걷기는 몸을 곧게 세우고 앞을 주시하며, 발은 일직선이 되도록 앞을 향해 내딛고, 팔은 자연스럽게 흔들도록 지도한다.

- 활동 : 빠르게 혹은 느리게 걷기, 북소리에 맞춰 걷기, 선 따라 걷기, 모양을 만들며 걷기 등

(2) 달리기(러닝)

달리기는 몸을 순간적으로 공중에 뜨게 하며 몸의 무게를 한 발에서 다른 발로 옮기며 이동하는 운동기술이다. 달리기와 걷기의 구분은 양발의 움직임이 빨라져 지면에서 두 발이 동시에 떨어지는 것을 기준으로 한다. 달리기는 몸을 약간 앞으로 기울이고, 팔은 살짝 굽히며 발과 팔이 반대쪽으로 흔들도록 지도한다.

- 활동 : 신호에 따라 달리기, 달리기 경주, 잡기놀이 등

(3) 뛰기(점핑)

뛰기는 한 발 또는 양발로 공중으로 뛰어올라 양발로 내려오는 동작이다. 뛰기에는 높이뛰기, 멀리뛰기, 뛰어내리기가 있으며, 뛰기의 전체 동작은 준비구간, 도약과 비행구간,

착지구간으로 구별한다. 무릎은 바닥에 닿을 때의 충격을 흡수하기 위해 굽히도록 지도한다.

- 활동 : 한 발로 뛰기, 두 발 모아 뛰기, 물체에 닿도록 뛰기(탬버린 치기), 뛰면서 방향 바꾸기 등

(4) 뛰어 넘기(리핑)

뛰어 넘기는 뛰어 오를 때 무릎은 앞쪽으로 향하고, 멀리 한 발 뛰어 바닥에 내린다. 뒤로 굽혀졌던 다리는 다시 앞으로 올리게 되는데 달리기보다 더 많은 공간과 힘을 요구한다. 뛰어 넘기는 더 멀리(높이) 뛰기 위해 달리기와 함께 이루어지기도 한다.

- 활동 : 줄을 넘으며 뛰어 넘기, 훌라후프 안 밖으로 뛰어 넘기, 장애물 뛰어 넘기 등

그림 4-1 **장애물 뛰어 넘기**

(5) 앙감질하기(홉핑)

앙감질은 몸의 한 발이 공중에 떠 있게 되며 뒤따라 발로 착지하는 움직임으로 한 발로 뛰어오르고 같은 발로 다시 바닥에 닿는 리듬적인 운동기술이다.

- 활동 : 앞뒤로 앙감질하기, 좌우로 앙감질하기, 줄을 넘으며 앙감질하기, 훌라후프 안 팎으로 앙감질하기, 발을 바꾸어 앙감질하기 등

(6) 말 뛰기(갤로핑)

말 뛰기는 한쪽 다리를 앞으로 내밀고 다른 쪽 다리를 앞으로 내민 다리에 빨리 끌어다 붙이며 이동하는 운동기술이다.

- 활동 : 북 소리에 맞춰 말 뛰기, 손을 흔들며 말 뛰기, 발을 바꾸어 말 뛰기 등

(7) 미끄러지기(슬라이딩)

미끄러지기는 한 발이 먼저 옆으로 나가면 다른 발이 따라잡듯이 움직이는 기술로, 걷기와 달리기 운동기술을 옆으로 또는 대각선 방향으로 섞어서 이동하는 운동기술이다.

- 활동 : 빠르게 혹은 느리게 미끄러지기, 북소리에 맞춰 미끄러지기, 선 따라 미끄러지기, 방향을 바꾸어 미끄러지기 등

(8) 스키핑

스키핑은 한발 짝 앞으로 걷고 가볍고 빠르게 뛰어 오르는 동작이 함께 일어나는 운동기술을 말하며, 한 발이 순간적으로 바닥 위로 올라가며 가볍게 미끄러지는 듯한 움직임과 동시에 다른 발로 바꾸는 움직임을 반복한다. 이동 운동기술 중 마지막에 나타나는 복잡한 운동기술이다.

- 활동 : 빠르게 혹은 느리게 스키핑하기, 북소리에 맞춰 스키핑하기, 발을 바꾸어 스키핑하기 등

2) 제자리·안정 운동기술

제자리·안정 운동기술이란 몸을 축으로 하여 장소를 옮기지 않고 한 자리에서 움직일 수 있는 동작으로 비이동 운동기술이라고도 한다. 이러한 운동기술에는 선 채로 구부리기, 뻗기, 꼬기, 회전하기, 흔들거리기, 앉기, 구르기, 피하기 등이 포함된다. 제자리·안정 운동기술이란 균형을 유지할 수 있는 능력으로 평형을 조절하기 위한 다양한 동작과 포즈를 포함한다. 제자리·안정 운동기술은 인간 움직임의 가장 기본적인 형태로서 모든 효

율적인 움직임의 기초이며 이동 운동기술과 조작적 운동기술을 가능하게 한다.

(1) 구부리기

구부리기는 신체의 일부 또는 전체를 수축시켜 가까이 하는 운동기술이다. 즉, 근접한 두 신체 부위를 접근시키는 움직임으로 목, 허리, 팔꿈치, 무릎, 손목, 발목 등을 구부려 움직일 수 있는 운동기술이다.

- 활동 : 신발 끈 묶기, 바닥에 있는 물건 줍기 등

(2) 뻗기

뻗기는 신체의 여러 부위를 수직이나 수평, 좌우로 펴는 움직임으로 구부리기와 뻗기는 반대되는 동작으로 함께 병행하여 할 수 있는 운동기술이다.

- 활동 : 선 자세로 위로 또는 바닥으로 몸과 팔을 뻗기, 누워서 몸과 팔을 뻗기, 한 쪽 팔은 위로 다른 팔은 아래로 뻗기 등

(3) 꼬기

꼬기는 몸 축을 중심으로 신체의 한 부분을 다른 부분으로 회전시키는 운동기술이다. 신체부분인 팔, 다리는 쉽게 꼬기를 할 수 있지만, 어깨, 엉덩이 등은 꼬기가 어렵기도 하다.

- 활동 : 다리 꼬기, 팔 꼬기, 수건 비틀어 짜기 등

(4) 구르기

구르기는 신체 축을 이용하여 앞으로 뒤로 또는 옆의 방향으로 옮기며 무게를 수평으로 이동하는 운동기술이다. 구르기의 종류는 앞, 옆, 뒤구르기와 응용된 동작인 회전 구르기가 있다.

- 활동 : 통나무처럼 구르기, 옆으로 구르기, 앞으로 구르기, 발을 맞대고 구르기 등

(5) 피하기

피하기는 사물이나 사람을 피하기 위해 몸 전체를 아주 재빨리 움직이는 형태로 고정된 상태에서 이루어지기도 하며 달리면서 이루어지기도 하는 운동기술이다. 서 있거나 고정된 상태에서는 구부리거나 뻗기, 꼬기와 같은 제자리·안정운동기술이 포함되며, 달리면서 함께 피하는 동작을 한 경우 이동운동기술이 된다.

- 활동 : 낙엽 피하기, 눈싸움하기, 피구하기 등

(6) 회전하기

회전하기는 몸을 축으로 하여 자신의 신체 전부 또는 신체 부위별로 회전시켜 보는 운동기술이다. 몸을 회전시킬 때 팔과 머리도 몸의 같은 방향으로 회전할 수 있다. 유아에게 방향을 제시할 때는 오른쪽/왼쪽이라는 용어가 익숙해질 때까지 문이 있는 쪽/피아노가 있는 쪽 등으로 이야기해 준다.

- 활동 : 신호에 따라 회전하기, 방향 바꾸어 가며 회전하기, 코끼리 코 5번하고 회전하기 등

(7) 균형 잡기

균형 잡기는 신체의 중심적인 척추가 몸을 잘 지지하여 주는 것으로 한 발 또는 두 발로, 두 손으로 균형을 유지할 수 있다. 한 발로 서 있기처럼 정지된 상태에서 균형 잡는 것을 정적 균형이라고 하며, 평균대 위로 걸어가기와 같이 움직이면서 균형을 잡기 동작을 동적 균형이라고 한다.

- 활동 : 한 발로 서 있기, 다리 바꿔가며 한 발로 서 있기, 평균대 걷기, 블록 위 걷기 등

3) 조작적 운동기술

조작적 운동기술이란 대근육과 소근육운동에 해당되며, 대근육 조작은 물체로부터 힘을 받거나 힘을 주는 운동으로 던지기, 잡기, 차기, 튀긴 공 잡기, 때리기가 포함된다. 소근

그림 4-2 **균형 잡기**

그림 4-3 **대근육 조작적 운동기술**

그림 4-4 **소근육 조작적 운동기술**

육 조작은 물체의 움직임을 파악하여 정확하게 물체를 다룰 수 있는 능력으로 신발 끈 매기, 그리기, 가위질하기, 바이올린 연주하기, 다트 던지기 등이 포함된다. 대근육 조작 기술이 우선적으로 먼저 습득된 다음 소근육 조작기술이 습득되도록 지도하는 것이 바람직하다.

여기에서는 대근육 조작적 운동기술 중심으로 살펴보겠다.

(1) 던지기

던지기는 팔과 손의 동작을 사용해서 공간 속으로 물체를 밀어내는 것을 말한다. 양손 또는 한 손으로 밑에서 던져 올리기, 수직으로 던져 올리기, 어깨 위에서 던지는 등의 운동기술이다. 처음에는 물체를 아래쪽으로 던지다가 점점 두 손으로 밑에서 던져 올리기, 한 손으로 밑에서 던져 올리기, 어깨 위로 던지기를 수행하게 된다.

- 활동 : 한 손으로 공 던지기, 두 손으로 공 던지기, 천장으로 공 던지기, 어깨 뒤로 공 던지기 등

(2) 잡기

잡기는 손을 사용해서 움직이는 물체를 조절하는 기술이다. 잡기는 시지각의 추적능력이 요구되기 때문에 잡기보다 던지기 능력이 더 일찍 발달한다.

- 활동 : 굴러오는 공 잡기, 튀어 오르는 공 잡기, 공중으로 던진 공 잡기 등

(3) 차기

차기는 다리를 사용해서 힘을 물체에 전달하는 때리기의 형태를 말한다. 정지해 있거나 움직이는 공을 발로 차는 운동기술이다. 공을 찰 때 발의 안쪽 면이나 발 끝으로 차게 지도한다. 그리고 몸은 약간 뒤로 젖히고 차지 않는 쪽 다리의 무릎을 굽히며, 차는 다리를 뒤로 굽혔다가 앞으로 뻗으며 공을 차도록 지도한다.

- 활동 : 골대에 공 차기, 줄 안으로 공 차기, 제기차기, 축구하기 등

(4) 치기

치기는 도구를 사용해서 사물에 힘을 가하는 운동기술을 말한다. 이 운동기술은 날아가는 사물을 시각적으로 추적하는 기술이 미숙한 영유아들은 어려워할 수 하므로 영유아에게 적합한 도구를 제공해 주어야 한다. 영유아는 사용하는 도구에 따라 치기의 어려

그림 4-5 **제기차기**

그림 4-6 **골대에 공 차기**

움이 달라질 수 있으므로 적절한 도구들로 바꿔 가면서 치기를 경험해 보도록 지도한다.

• 활동 : 풍선 치기, 가벼운 공 치기, 야구, 배드민턴, 골프 등

(5) 굴리기

굴리기는 던지기처럼 손을 사용하여 멀리 보내는 운동기술이다. 굴리기는 바닥으로 공을 굴리는 형태인데 어려워하는 영유아를 위해서는 허리 위에서 공을 놓게 할 수 있다.

• 활동 : 다양한 크기의 공 굴리기, 경사진 곳에서 공 굴리기, 볼링 등

그림 4-7 **공 치기**

그림 4-8 **골프**

(6) 공 튀기기

공 튀기기는 손을 사용하여 바닥에 공을 반복적으로 미는 운동기술이다. 시·공간적 타이밍의 정확성, 적절한 힘, 공을 튀기는 힘 등의 요소가 필요하므로 영유아들이 수행하기에 어려움이 있다. 영유아들이 농구공, 배구공보다는 풍선이나 비치볼로 연습할 수 있도록 지도한다.

• 활동 : 느리게 공 튀기기, 빠르게 공 튀기기 등

운동개념과 변화요소

영유아 운동의 질을 세분하여 다음의 3가지 운동개념으로 나눌 수 있다.

① '노력'이며 운동할 때 몸의 힘, 속도 조절이다. 변화요소로 힘, 시간, 흐름이 포함된다.

② '공간'이며 운동할 때 사용하는 공간이다. 변화요소로 수준, 방향, 범위가 포함된디.

③ '관계'이며 운동할 때 나와 사물, 사람, 혼합(사물과 사람)과의 관계이다. 변화요소로 사물과의 관계, 사람과의 관계, 사물과 사람과의 관계가 포함된다.

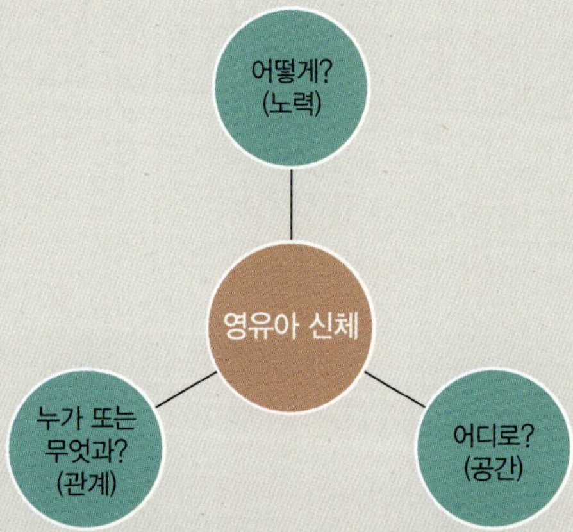

〈운동 개념〉

표 4-3 운동개념에 따른 변화요소

운동개념	변화요소
노력	힘, 시간, 흐름
공간	수준(높낮이), 방향, 범위
관계	사물과의 관계, 사람과의 관계, 혼합(사물과 사람)관계

기본운동기술의 운동변화요소 적용

기본운동기술은 운동변화요소 9가지(힘, 시간, 흐름, 수준, 방향, 범위, 사물과 관계, 사람과의 관계, 혼합관계)를 고려하여 다양한 신체활동으로 구성할 수 있다.

다음은 운동내용에 따른 9가지 변화요소를 기본운동기술에 적용한 예시이다.

① 노력의 변화요소

• 힘 : 운동할 때 몸에 들어가는 힘의 정도 변화
  예: 몸에 힘을 주지 않고 가볍게(약하게) 걷기, 몸에 힘을 주어 무겁게(강하게) 걷기
• 시간 : 운동할 때 속도의 변화
  예: 약간 빠르게 걷기, 매우 빠르게 걷기, 약간 느리게 걷기, 매우 느리게 걷기
• 흐름 : 운동의 연속과 정지의 변화
  예: 걷다가 멈추기, 걷다가 멈추고 다시 걷고 멈추고 다시 걷기

② 공간의 변화요소

• 수준 : 운동할 때 몸의 높낮이 변화
  예: 몸을 약간 높게, 아주 높게 하여 걷기
• 방향 : 운동할 때 진행 방향 변화
  예: 앞으로 뒤로 걷기, 오른쪽으로 왼쪽으로 걷기
• 범위 : 몸을 작게 몸을 크게, 좁은 공간에서 변화, 넓은 공간에서 활동 변화
  예: 몸을 크게 하여 걷기, 원 안에서 걷기, 넓은 곳을 마음대로 걷기

③ 관계의 변화요소

• 사물 : 운동할 때 나와 사물과의 관계 변화
  예: 팥주머니를 양손에 들고 걷기, 던져주는 팥주머니 피하기
• 사람 : 운동할 때 나와 사람과의 관계 변화
  예: 친구와 손 잡고 걷기, 친구를 피해서 지그재그 달리기
• 혼합 : 운동할 때 나와 사물, 사람과의 혼합관계 변화
  예: 친구와 신문지 1장을 마주 잡고 찢어지지 않게 달리기, 친구와 손 잡고 장애물 피해 달리기

2. 기본운동기술을 활용한 신체활동

기본운동기술을 토대로 이루어지고 있는 영유아를 위한 신체활동의 내용은 크게 세 부분으로 나눌 수 있는데, 감각기관을 활용한 신체활동, 몸을 이용한 신체활동과 기구를 이용한 신체활동으로 구분할 수 있다. 기본운동기술을 활용한 신체활동에 대해 구체적으로 살펴보면 다음과 같다.

1) 감각기관을 이용한 신체활동

영유아의 다양한 감각기관을 활용한 신체활동 경험은 일과 중에 자연스럽게 일어난다. 영유아는 감각기관을 통한 경험을 함으로써 감각기관이 발달하고 주변의 사물과 환경, 자신의 신체와 신체의 움직임을 알아가게 된다.

특히 영아에게는 자연스럽게 주변의 사물을 만지면서 감각적인 자극을 느낄 수 있는 활동을 준비하는 것이 좋다. 영아의 연령이 높아지면 한 재료나 같은 성질의 재료를 여러 가지 방법으로 제시하여 영아가 오감각을 활용하여 감각적 차이를 경험하게 된다(보건복지부, 2013a). 예를 들면 파스타를 먹어 본 경험이 영아에게 간식으로 파스타를 제공하고 마른 파스타, 삶은 파스타, 국수 모양의 긴 파스타, 나비 또는 별 모양의 파스타 등 다양한 재질과 모양의 파스타를 제공하여 그 차이점에 대해 오감각을 통해 알아가게 한다. 또한

그림 4-9 **오감각을 이용한 신체활동**

점차 몸 전체가 감각활동에 참여하여 여러 감각을 동시에 통합적으로 활용하도록 한다.

유아도 시각, 촉각, 미각, 후각 등 여러 가지 감각기관을 사용할 수 있도록 다양한 경험의 기회를 제공한다. 또한 오감각과 신체 부위를 연결할 수 있는 상황과 놀잇감을 제시함으로써 신체 각 부분의 역할을 이해하도록 한다. 예를 들어, 숫자카드를 보여 주며 혼자서 몸으로 숫자를 만들어 보게 하거나 친구와 함께 숫자를 만들게 함으로써 여러 가지 감각기관과 신체를 사용할 수 있도록 한다.

2) 몸을 활용한 신체활동

몸을 활용한 신체활동은 체력 요소인 근력 및 근지구력, 심폐지구력, 유연성, 평형성, 민첩성, 순발력, 협응성을 골고루 발달시켜 기초체력을 증진시키기 위한 활동으로 특별한 기구를 사용하지 않는 몸을 활용한 활동이다. 이 활동은 별도의 신체활동뿐만 아니라 매일의 생활 속에서 영유아가 자신의 신체를 효율적이고 안전하게 움직이는 것을 포함하기도 한다.

몸을 활용한 신체활동은 모든 신체활동의 기본이 되므로 다른 활동들을 잘 수행할 수 있는 기본적인 운동기술을 습득하게 된다. 몸을 활용한 신체활동을 운영할 때 교사는 다음과 같은 점을 고려하여야 한다.

(1) 영유아의 연령별·개인별 차이를 고려한 활동을 제시한다

영유아의 신체활동 능력은 연령별·개인별 차이가 있을 뿐만 아니라 운동의 종류에 따라 흥미나 능력에 차이를 보이므로 영유아의 흥미와 발달적 특성을 고려한 적합한 신체활동을 제시해야 한다. 또한 영유아의 개인차를 고려하여 다양한 신체활동을 균형 있게 경험할 수 있도록 한다. 이를 통해 영유아는 실내·외에서 자신의 특성에 맞는 신체활동에 즐겁게 참여하여 몸을 움직여 봄으로써 성공적인 경험을 한다.

(2) 신체 탐색에서 복합적인 움직임으로 전개한다

몸을 활용한 신체활동은 자신의 신체에 대한 탐색과 자신의 신체를 마음대로 움직여 보는 것으로 시작한다. 그러므로 교사는 영유아가 쉬운 움직임부터 먼저 경험하고 난 후 복합적인 움직임을 하도록 지도한다. 즉, 영유아가 신체를 인식하는 것에서부터 몸의 각 부분을 다양한 방향으로 움직이고 여러 가지 형태를 만들어 보는 것, 여러 가지 운동능력을 협응하여 몸으로 표현하는 것 등 단계적으로 제시할 수 있다.

(3) 기초체력요소를 골고루 발달시킬 수 있어야 한다

몸을 활용한 신체활동에는 체력요소 하나만 포함되어져 있는 것이 아니라 여러 가지 체력요소가 함께 포함되어야 한다. 영유아들은 다양한 체력요소가 포함된 신체활동을 통해 자신의 신체를 조절하고 기초적인 체력을 기를 수 있도록 지도한다.

그림 4-10 **다양한 체력요소를 포함한 신체활동**

(4) 짝 또는 그룹으로 진행할 수 있다

몸을 활용한 활동은 개별로 진행할 수도 있지만 짝 또는 그룹으로 진행될 수도 있다. 짝 또는 그룹으로 진행할 경우 영유아들이 운동능력의 발달뿐만 아니라 타인을 이해하고 협동심을 기를 수 있다. 능숙한 영유아가 미숙한 영유아를 도와주거나 기다려 주는 경험을 통해 협동심을 기르고, 그룹의 구성원으로서 단결심도 기를 수도 있다. 그리고 혼

그림 4-11 **짝 또는 그룹 신체활동**

자서 하지 못했던 어려운 신체활동 과제에도 짝이나 팀이 같이 하게 하므로 도전할 수 있는 자신감이 생긴다.

3) 기구를 이용한 신체활동

영유아들이 주변의 크고 작은 사물을 신체활동에 이용하는 것을 기구를 이용한 신체활동이라고 한다. 영유아들이 기구를 이용한 신체활동을 하기 위해서는 기본운동기술 습득과 몸으로 하는 신체활동의 경험이 선행되어야 한다.

기구를 이용한 신체활동은 영유아의 흥미를 더 유발하고, 다양한 활동을 하게 하며 기본운동능력을 향상시켜 영유아의 체력 증진을 도와준다(김주연, 김정민, 김경숙, 2013; 이현균, 2003). 이뿐만 아니라 사회성, 자아개념 및 공간개념, 창의적 신체 표현능력에도 효과가 있다(김원준, 2004).

이처럼 영유아의 신체 및 운동기술뿐만 아니라 전인발달에 긍정적인 영향을 미치는 기구를 이용한 신체활동을 운영할 때 교사는 다음과 같은 점을 고려하여야 한다.

(1) 영유아의 발달에 적합한 기구를 제공, 운동기술 단계에 알맞게 지도한다

영유아들은 기구를 이용한 신체활동에 더 흥미와 관심을 보이고 적극 참여한다. 따라서 발달에 적합한 기구를 제공하여 대·소근육 운동기술을 익힐 수 있는 기회를 많이 주

그림 4-12 **복합놀이시설 활동**

그림 4-13 **흔들마 활동**

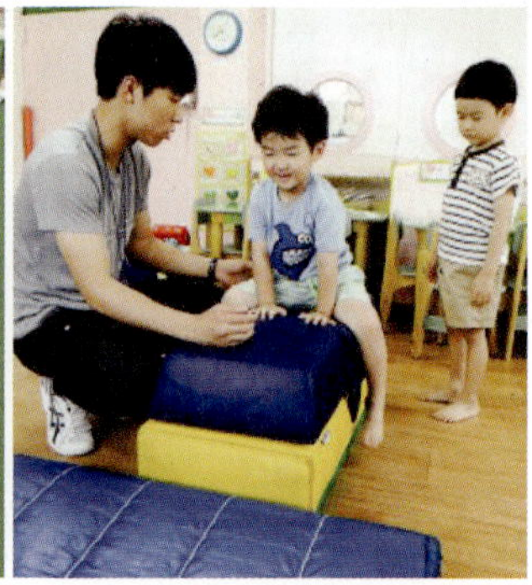

그림 4-14 **뜀틀 활동**

어야 한다. 영유아들이 신체활동을 하는 데 이용되는 기구로는 기관에서 보유하고 있는 고정시설 놀이기구와 대·소형 유동시설 놀이기구, 그리고 교사에 의해 제작된 놀이기구들이 있다. 대표적인 기구로는 공, 후프, 줄, 리본막대, 스카프, 고무밴드, 매트, 평균대, 뜀틀, 타이어, 트램펄린 등이 있다.

(2) 기초체력요소를 발달시킬 수 있어야 한다

기구를 이용한 신체활동은 기본운동능력뿐만 아니라 기초체력이 증진되도록 하는 중요한 교육활동이다. 따라서 신체활동의 내용 속에 체력적 요소인 근력 및 근지구력, 심폐지구력, 유연성, 평형성, 민첩성, 순발력, 협응성과 연결하여 조화롭게 구성되었는지를 항상 고려해 한다.

(3) 쉬운 기구를 이용한 활동부터 복합적인 순환활동을 전개한다

기구를 이용한 신체활동은 기구의 탐색부터 시작한다. 이때 그 기구를 이용하는 방법에 대해 다양하게 생각해 보도록 격려하는 것이 중요하다. 기구를 선택함에 있어서도 다루기 쉬운 기구부터 점차로 어려운 것으로 진행한다. 처음에는 하나의 기구를 이용하다가 동일 종류의 것을 여러 개 또는 다양한 종류를 연결한 복합적 순환활동으로 진행할 수 있다. 순환활동을 구성할 때는 체력적 요소를 골고루 포함하되 중복되지 않도록 구성

그림 4-15 **유니바를 이용한 다양한 신체활동**

하며 영유아가 너무 힘들지 않도록 고려함은 물론 가급적 활동의 마지막 단계에서 실시하는 것이 좋다.

(4) 안전을 고려해야 한다

기구를 이용한 신체활동을 운영할 때 안전에 대해 가장 유념해야 한다. 영유아들이 기구를 사용하는 방법을 정확히 이해해야 하며, 영유아의 체력적인 상태를 고려하여 체계적이고 안전한 활동으로 제시해야 한다.

3. 신체 게임

신체 게임은 영유아들이 몸을 움직이며, 정해진 규칙을 지키고 목적하는 바에 따라 경쟁하는 활동이다. 신체 게임은 경쟁하는 즐거움 때문에 영유아들이 매우 좋아하는 활동의 형태이며, 어떠한 교육내용도 담을 수 있는 활동 형태이다.

1) 신체 게임의 교육적 효과

신체 게임은 다음과 같은 교육적 의의를 가지고 있다.

① 신체운동능력을 발달시킨다.

② 규칙을 이해하고 지키며 공통된 목표를 달성하기 위해 협력하게 된다.

③ 즐거움, 만족감, 성취감을 느낄 수 있다.

2) 신체 게임 준비 시 고려할 사항

신체 게임을 원활하게 진행하기 위해서는 사전 준비가 잘 되어 있어야 한다. 신체 게임 계획 시 고려할 점은 다음과 같다.

(1) 영유아의 발달과 연령

영유아의 연령에 따라 발달 수준이 달라지기 때문에 영유아를 위한 신체 게임 계획 시 반드시 발달적 특징을 고려해야 한다. 어린 연령의 경우 혼자하거나 탐색할 수 있는 신체 게임을 선정하고, 연령이 증가할수록 규칙이 복잡하고 게임 참여자 간 상호작용이 증가하며 과제의 난이도가 복잡한 신체 게임을 선정한다.

표 4-4 신체 게임 방법의 선정

2~3세	4세	5세
•지시가 적고 규칙과 게임방법에서 기억할 부분이 간단한 것으로 정함 •게임의 의미를 이해시키는 활동부터 시작해야 함 •대근육을 활용하여 몸을 자유롭게 움직여 보고, 정해진 방법 대신 신체를 조절해 보는 경험이 필요함 •게임을 통해 기쁨과 성취감을 맛볼 수 있도록 하여 게임에 흥미를 유지시킬 수 있도록 하는 것이 중요함	•3세에 비해 조금 더 복잡한 유형의 게임을 할 수 있으며, 게 임의 방법과 규칙을 좀 더 잘 이해하게 됨	•3세와 4세 때 경험한 다양한 게임에서 규칙의 중요성과 편에 대한 인식을 갖게 되나, 처음부터 한 번에 많은 지시를 듣고 기억해야 하는 게임을 제공하는 것은 바람직하지 않음 •인지적인 게임, 운동기술능력, 섬세한 소근육 사용을 요하는 게임도 가능함 •개별, 두 사람 혹은 네 사람이 협력하는 게임이 가능함

(2) 신체 게임 시기

신체 게임은 활동 시기에 따라 게임의 난이도를 조절할 수 있다. 학기 초에는 게임에서 수행하는 과제의 난이도가 낮고 장애물이나 규칙이 적은 단순한 게임을 계획하며, 점차 과제의 난이도가 높고 장애물이나 규칙이 많은 복잡한 게임을 계획한다.

표 4-5 신체 게임의 수행 과제, 장애물과 규칙의 재구성 방법

	수행 과제	장애물	규칙
쉬운 것 ↓ 어려운 것	• 종류에 관계없이 붙이기 예) 꽃 바구니에 꽃 붙이기 • 종류에 따라 분류하기 예) 개나리 진달래꽃 붙이기 • 속성에 따라 분류하기 예) 땅, 바다, 하늘을 다니는 교통수단 분류하여 붙이기	• 목적물까지 장애물 없이 가기 • 달리면서 간단히 넘을 수 있거나 통과할 수 있는 것으로 준비 예) 유니바 뛰어 넘기 훌라후프 굴 통과하기 • 신체적 조절능력을 필요로 하는 장애물로 준비 예) 지그재그로 가기 훌라후프 위에서 아래로 통과	• 규칙이 거의 없는 것 예) 자리에 표시된 모양 위에 올라서기 • 단순한 규칙 예) 모양, 색, 수 등 한 가지 준거 • 복잡한 규칙 예) 모양과 색깔, 모양과 수 등이 연합된 준거

(3) 신체 게임 대형 및 집단의 크기

어떤 대형으로 모이고 몇 명의 영유아가 게임에 함께 참여하는지에 따라서 게임의 방법이나 자료를 다르게 계획할 수 있다. 어린 연령일수록 원 대형과 자유 대형 게임을 실시하고, 연령이 높아질수록 편 게임, 릴레이 게임 등을 실시할 수 있다. 집단의 크기도 어린 연령일 경우 대부분 소집단으로 진행하며, 연령이 높아질수록 대집단으로 운영할 수 있다.

표 4-6 연령별 신체 게임 대형 및 집단의 크기 구성 방법

	2~3세	4세	5세
게임대형	•원 대형, 반원 대형, 자유 대형이 익숙해지면 차츰 편 대형 게임으로 진행할 수 있음	•3세에서 경험한 원 대형이나 자유 대형 게임을 연장하여 난이도를 조절하며 실시 •학기 중반부터는 개별적으로 출발하는 편 게임에서 학기 후반에는 연속적으로 이어서 하는 릴레이 게임을 할 수 있음	•자기 자리에서 출발하는 것과 출발선을 정해 동시에 출발하는 것/자기 편을 돌아오는 것과 목적물을 돌아오는 릴레이 게임 등을 다양하게 진행 가능
집단의 크기	•대부분의 경우 소집단활동으로 진행	•대부분의 경우 대집단활동으로 진행하는 경우가 많으나 게임의 종류에 따라 소집단활동으로 계획할 수 있음	•대부분의 경우 대집단활동으로 진행하는 경우가 많으나 게임의 종류에 따라 소집단활동으로 계획할 수 있음

(4) 평가방법

평가의 내용과 자료도 연령에 따라 다르게 준비될 수 있다. 어린 연령일수록 개별적인 성과에 언어적으로 많은 칭찬을 실시하고, 연령이 높아질수록 편에 대한 칭찬과 생활주제, 게임자료, 숫자판 등 다양한 자료를 활용하여 평가할 수 있다.

표 4-7 연령별 신체 게임 평가 내용과 자료

	2~3세	4세	5세
평가내용	•영유아의 개별적인 성과에 대하여 많은 인정과 격려가 필요함	•유아의 개별적인 성과 및 집단의 소속감을 느끼고 자기 편이 잘하기 위해 서로 협력해야 함을 느낄 수 있도록 편에 대한 평가도 할 수 있음	•게임에 따라 개별평가, 편 평가, 유아 스스로에 의한 평가 가능

	2~3세	4세	5세
평가자료	•학기 초에는 평가자료를 사용하지 않고, 언어적으로 격려하고 평가해 줄 수 있으며, 점차 시각적인 평가자료를 사용할 수 있음	•평가자료로 그림이나 실물을 이용해서 제시하다가 학기 중반에는 숫자 자료를 이용하여 점수를 줄 수 있음	•평가자료로 실물, 그림, 숫자 자료 등 다양하게 활용 가능함 •편 이름을 정한 경우 평가자료와 함께 편 이름을 기록할 수 있음

3) 신체 게임의 종류

신체 게임의 종류를 원 게임, 자유 대형 게임, 편 게임으로 구분하고, 편 게임은 일대일 편 게임과 릴레이 편 게임으로 나누어서 살펴볼 수 있다.

(1) 원 게임

원 게임은 어린 연령부터 모든 연령에서 할 수 있는 게임의 유형이다. 규칙이 단순해서 게임에 대한 이해가 쉽기 때문에 학기 초 게임이나 어린 연령의 영유아에게 실시하는 것이 좋다. 영유아들은 원 게임을 통해 간단한 규칙을 이해하고 지키는 경험을 하며, 집단에 대한 소속감을 느낄 수 있다. 그리고 승패가 뚜렷하지 않아 누구나 성취감을 느끼게 된다. 영유아가 단순한 원 게임에 익숙해지고 연령이나 경험이 많아짐에 따라 점차 규칙이 복잡한 원 게임을 제공할 수 있다

- 원 게임 활동 : 오뚝이 맞추기, 고양이 방울 가져오기, 같은 꽃 자리 바꾸기, 의자 뺏기, 수건 돌리기 등

(2) 자유 대형 게임

자유 대형 게임도 지시와 규칙이 적고 이기고 지는 결과가 뚜렷하지 않은 특징이 있다. 하지만 원 게임에 비해 자유롭게 움직일 수 있고 신체를 최대한 활용하기 때문에 보다 넓은 공간이 필요하다. 자유 대형 게임은 움직임과 멈춤을 연속적으로 경험해 보는 활동 등 다양한 형태로 운영된다.

• 자유 대형 게임 활동 : 짝 짓기, 모양 위에 서기, 나뭇잎 밟기, 신체 마주대기, 얼음 땡, 무궁화 꽃이 피었습니다 등

(3) 편 게임

편 게임은 두 편으로 나누어 게임을 하는 것으로 원 게임과 자유 대형 게임에 비해 편 의식이 있어야 하며, 게임에 필요한 지시와 규칙이 많은 편이다. 편 게임은 일대일 편 게임과 릴레이 편 게임으로 구분할 수 있으며 다음과 같은 특징이 있다.

① 일대일 편 게임 : 원 게임과 자유 대형 게임을 통해 게임에 대한 의미를 이해하고 정해진 규칙을 지켜야 한다는 인식을 충분히 가진 후 하는 것이 바람직하다.

② 릴레이 편 게임 : 유아 개별적 성과보다 자기 편을 위하여 유아 자신이 최대한 노력하고 협력하며 성취감을 느낄 수 있는 것이 특징이다.

• 편 게임 활동 : 씨 뿌리고 거두기, 꽃바구니 꾸미기, 가을 열매 수확하기, 옛날 물건과 오늘날 물건 등

제5장

영유아 신체활동의 교수방법

1. 교사 역할 | 2. 신체활동 지도방법 | 3. 신체 게임 지도방법 | 4. 신체활동 계획안

교수방법이란 설정된 교육목표를 달성하기 위해 선정된 교육내용을 어떻게 조직하고 실행하는지에 대한 방법이다(서울대학교 교육연구소, 1994). 영유아를 위한 신체활동을 운영하기 위해서 먼저 교사는 영유아교사로서 자질을 갖추고 영유아의 연령과 활동내용에 따른 적합한 교수방법을 고려하여 수업을 준비하고 실행해야 한다.

1. 교사 역할

신체활동은 영유아의 신체 및 운동기술발달뿐만 아니라 평생의 건강과 체력에도 영향을 미치고 있으므로 영유아기 신체활동과 그 신체활동을 지도하는 교사의 자질과 역할은 매우 중요하다 할 것이다. 특히 교사가 가진 자질은 신체활동의 운영에 영향을 주고 있다. 교사가 갖추어야 하는 신체활동과 관련한 자질로는 첫째, 신체활동에 대해 교사가 긍정적인 관심을 가지고 신체활동을 즐기는 마음과 자신감을 가져야 한다. 둘째, 교육목적, 교육대상, 신체활동의 내용, 교수방법, 교육환경, 평가 등과 관련한 다양한 지식을 가지고 있어야 하며, 이를 신체활동의 실행과정에 반영해야 한다. 셋째, 신체활동을 충분히 경험하여 교사 스스로 능숙해야 한다.

미국스포츠·신체교육협회(NASPE, 2008)도 신체활동을 운영하기 위해서 교사가 지녀야 할 자질로 다음과 같은 사항을 제시하였다.

① 교사는 신체활동에 관한 이론적인 지식과 개념을 가지고 있어야 한다.
② 교사는 신체활동을 수행할 수 있도록 기술을 갖추고 있으며 체력을 향상하는 방법도 알고 있어야 한다.
③ 교사는 발달에 적합한 교육경험을 영유아들에게 제공하기 위한 계획과 실행의 능력을 가지고 있어야 한다.
④ 영유아의 참여와 학습을 향상시키는 전략과 교육학적 방법, 효과적인 의사소통방법을 알고 있어야 한다.
⑤ 교사는 교수과정에 대한 평가와 반성을 하고 영유아의 목표 도달에 대한 평가를 통해 이후 수업에 반영해야 한다.
⑥ 교사는 영유아들이 신체활동에 참여함으로써 성장과 발달을 할 수 있다는 믿음을 가지고 교수행동을 수행해야 한다.

교사는 영유아를 대상으로 신체활동을 운영하면서 다양한 역할을 수행하게 된다.

영유아 신체활동을 위한 구체적인 교사의 역할에 대해 제시하면 다음과 같다.

첫째, 교사 스스로 신체활동을 즐기고 적극적으로 참여해야 한다.

교사가 계획한 신체활동에 영유아가 즐겁게 참여하고 학습하기 위해서는 먼저 교사 스스로가 신체활동을 즐기고, 활동내용을 일방적으로 전달하기보다는 영유아와 같은 참여자라는 태도로 활동에 임해야 한다. 교사가 즐거운 모습으로 열심히 달리고 공을 찬다면 영유아들은 동기유발이 되고 활동에 더 흥미를 가지며 적극적으로 참여하게 될 것이다.

둘째, 교사는 신체활동에 대한 지식과 정보를 갖추고 있어야 한다.

교사는 영유아의 신체 및 운동기술의 발달단계, 다양한 신체활동 프로그램 등 신체활동에 대한 전반적인 지식과 정보를 수집해야 한다. 이처럼 수집된 신체활동에 대한 지식과 정보는 영유아의 발달에 적합하고 다양한 활동을 선정하게 된다. 영유아의 신체 전반에 대한 이해는 영유아의 건강상태에 따라 신체활동 참여 여부도 결정할 수 있고 사고 발생 시 적절한 처치도 할 수 있다.

셋째, 교사는 신체활동의 교육목표와 계획을 수립해야 한다.

교사가 수립한 활동계획은 목표에 기초해야 하며, 각 운동능력을 균형있게 발달시킬 수 있도록 다양한 운동기술과 기구 사용을 적절히 포함해야 한다. 또한 교사는 자신이 수립한 구체적인 계획에 따라 영유아의 다양한 사고를 수용하고 활동을 진행해야 영유아들의 활동 참여를 최대화할 수 있고 더불어 운동능력이 효과적으로 발달할 수 있다.

넷째, 교사는 효과적인 신체활동방법으로 운영한다.

교사는 영유아의 참여를 높이고 효과적으로 신체활동을 운영하기 위해 다양한 전략 및 방법을 구사해야 한다. 먼저 신체활동을 진행하면서 지시하기보다는 확산적 질문을 사용하여 영유아의 다양한 사고를 수용하는 자세를 가져야 한다. 영유아들은 스스로 방법을 찾아내고 그것이 격려받는 과정 속에서 신체활동에 대한 자신감과 성취감을 느낄 수 있다. 또한 영유아 운동능력의 발달은 시간에 따른 성숙과 반복적인 활동경험을 통해 서서히 이루어진다. 그러므로 인내심을 가지고 신체발달과 운동기술의 습득을 기다리는 태도를 가져야 한다.

다섯째, 교육과정상의 다른 활동과 통합적으로 운영한다.

영유아교육은 통합교육이므로 신체활동을 다른 교과 영역과 연계해야 한다. 신체활동과 수학활동이 통합한 예로는 신체를 이용하여 크고-작고, 길고-짧고, 높고-낮고, 넓고-좁고 등의 개념을 표현해 볼 수 있으며, 기구를 활용하여 위, 아래, 옆, 앞, 뒤 등의 위치 개념을 이해시킬 수 있다. 이처럼 다른 활동과 함께 계획하여 운영함으로써 영유아의 전인발달을 이루도록 해야 한다.

여섯째, 신체활동 실행과 영유아의 발달평가를 계획에 반영한다.

교사는 수립한 목표와 계획에 따라 활동이 실행되었는지를 평가하고 영유아의 체력 및 운동기술의 발달 수준, 진보를 평가하여 그 결과를 다음 활동계획에 반영해야 한다. 이를 위해 교사는 자신의 교수 행위에 대해 반성적으로 사고하는 과정이 필요하며, 영유아의 체력과 운동능력 발달에 대한 사전평가 및 주기적 평가가 이루어져야 한다.

2. 신체활동 지도방법

1) 교수방법

신체활동에 활용될 수 있는 교수방법은 교사-영유아의 주도성 및 참여 정도에 따라 직접적 교수방법과 간접적 교수방법으로 구분할 수 있다(Pica, 2010). 직접적 교수방법과 간접적 교수방법 모두 영유아에게 영향을 줄 수 있으므로 어떤 방법이 최상인지 보다 어떤 방법이 그 활동을 가르치기 더 적합한 지가 더 중요하다 할 것이다.

본 장에서는 신체활동을 위한 대표적인 교수방법인 직접적 교수방법과 안내-발견적 교수방법, 탐색적 교수방법을 포함하는 간접적 교수방법에 대해 살펴보고자 한다.

(1) 직접적 교수방법

직접적 교수방법은 교사가 운동기술에 대한 간략한 설명과 함께 시범을 보이며 주도하고, 영유아는 교사의 설명과 시범을 보거나 듣고 난 후 그대로 운동기술을 모방하는 교수방법이다. 즉, 시범과 모방을 통한 교수방법으로 영유아에게 운동기술의 시범을 보일 때는 영유아가 이해할 수 있도록 구체적인 설명과 함께 명확하게 제시해 주어야 한다.

직접적 교수방법은 다음과 같은 장·단점을 가지고 있다(윤애희, 박정민, 1999).

- 장점 : 정확한 위치나 스텝 등을 수행하도록 할 때 용이하며, 활동의 결과가 즉각적으로 만들어져 시간이 효율적으로 사용된다.
- 단점 : 활동의 과정과 영유아 간 개인차를 고려하지 않는다. 특히 영유아의 운동기술은 같은 속도로 발달하지 않으므로 운동기술의 획득이라는 결과에 초점을 두면 문제가 생길 수 있다.

(2) 간접적 교수방법

간접적 교수방법은 직접적 교수법과는 달리 영유아 주도의 교수방법으로, 교사는 영유아가 자유롭게 운동기술을 탐색해 볼 수 있도록 편안하고 개방적인 분위기를 조성해야 한다. 영유아들은 주도적으로 경험해 보는 기회를 통해 실패에 대한 두려움에서 벗어나 도전감이 생기며, 성공의 기회를 통해 자신감을 형성할 수 있게 된다.

간접적 교수방법은 안내-발견적 교수방법과 탐색적 교수방법의 두 가지 유형으로 나눌 수 있다. 구체적으로 살펴보면 다음과 같다.

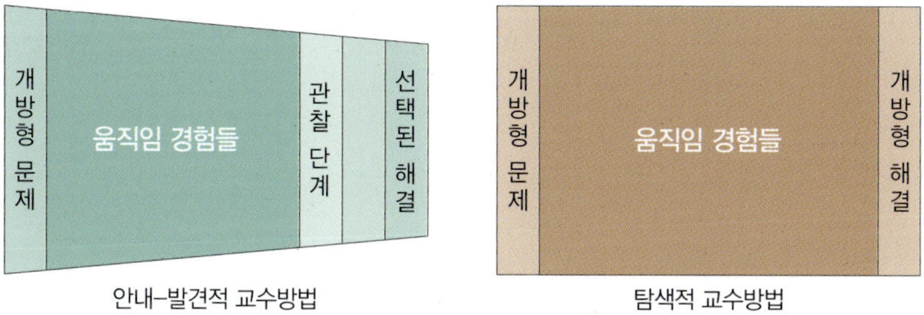

그림 5-1 **안내-발견적 교수방법과 탐색적 교수방법**

① 안내-발견적 교수방법

안내-발견적 교수방법은 교사가 운동기술을 경험할 수 있는 공간과 자료를 제공해 주고, 영유아는 운동기술에 대한 최선책을 찾기 이전에 수많은 대안책을 탐색하며 스스로 적절한 방법을 발견하여 운동기술을 수행해 나가는 교수방법이다. 교사가 가지고 있는 옳음은 존재하며, 이 안에서 영유아들이 경험을 하고 교사의 도움으로 옳음을 찾아가는 것이다. 즉, 교사는 질문형태의 언어 단서를 제공할 뿐 영유아에게 직접적으로 옳음에 대해서는 보여 주지 않는다. 단, 또래들이 발견한 방법을 시범 보이게 함으로써 옳음을 관찰할 수 있도록 돕는다.

② 탐색적 교수방법

탐색적 교수방법은 궁극적인 옳음이 존재하지 않고 영유아들의 모든 수행이 옳음으로 간주되는 교수방법이다. 그러나 영유아들이 원하는 대로 무엇이든 할 수 있는 것을 의미하지는 않는다. 교사가 사전에 설정한 상황이나 장소 범위 내에서 영유아들이 자유롭게 탐색하는 것이다. 따라서 교사는 영유아가 자신의 현재 능력 수준에서 자기 나름의 성취가 가능하도록 영유아에게 자기학습의 기회를 제공한다.

표 5-1 안내-발견적 교수방법과 탐색 교수방법의 특징

	안내-발견적 교수방법	탐색적 교수방법
특징	교사의 마음 속에 옳음이 존재함	옳음이 존재하지 않음. 모두 수행이 옳음으로 간주됨
	질문 형태의 언어 단서나 구체적인 단서를 제공하여 교사가 의도한 옳음으로 안내함	교사가 교구, 공간, 시간 등을 제공하고 영유아가 자유롭게 탐색함
	다른 유아가 발견한 방법을 시범 보이게 함으로써 옳음을 관찰할 수 있도록 도움을 제공함	교사는 영유아가 다른 방식으로 해보거나 다른 상황에 적용해 볼 수 있는 기회를 제공함

이상에서 직접적 교수방법과 안내-발견적 교수방법과 탐색적 교수방법을 포함한 간접적 교수방법을 살펴보았다. 이러한 교수방법들 중 모든 신체활동에 적용될 수 있는 절대적인 최상의 교수방법은 없다. 따라서 교수방법은 영유아들과 함께 신체활동을 하는 상황에서 영유아의 개별 능력 및 흥미 등을 고려하여 목표를 달성하는 데 가장 효과적인 방법을 선택해야 한다.

2) 신체활동 운영방법

교사는 다양한 교수방법 외에도 영유아들과 신체활동을 위해 사용할 수 있는 다양한 운영방법에 대해서도 알아야 할 필요가 있다. 영유아 신체활동을 위한 운영방법을 구체적으로 제시하면 다음과 같다.

(1) 도입, 전개, 마무리 과정으로 구성하라

신체활동은 다음과 같은 도입, 전개, 마무리 과정으로 구성되어야 한다.

(2) 충분한 공간과 시간을 제공하라

신체활동 운영을 위한 공간은 영유아가 충분하게 움직일 수 있도록 개별공간과 집단활동 공간, 실내와 실외 공간 등 다양하며 개방된 공간이어야 하며, 안전한 공간이어야 한다(Pica, 2010). 또한 신체활동은 매일 반복적으로 실시하여 영유아들이 규칙적으로 참여하

표 5-2 신체활동 과정

과정	내용
도입	영유아가 움직임에 관심을 가질 수 있도록 하는 데 도움이 되는 활동을 계획하여 신체활동 참여에 집중할 수 있도록 한다. •똑같은 활동을 계획하여 신체활동이 시작됨을 예측할 수 있도록 돕거나 주제와 관련된 특정의 도입 활동 계획하기 •준비운동(스트레칭 등으로 긴장된 신체 근육을 풀어주기), 탐색활동, 전 시간에 배운 사전활동, 손유희, 간단한 게임, 수수께끼 등을 통한 주의집중 •신체활동 소개하고 영유아들의 사전 경험과 연계한 이야기 나누기 •주의집중 및 활동 진행시간을 고려, 도입은 3~5분을 넘지 않도록 구성
전개	신체활동의 중심으로 교사가 계획한 활동이 이루어지는 과정으로 비경쟁적인 상황에서 영유아가 신체활동을 충분히 경험할 수 있도록 충분한 시간으로 운영한다. •영유아가 활동에 관심 가지고 참여할 수 있도록 확산적 질문으로 언어적 상호작용을 제공 •기구와 소품 등을 준비해 주고 스스로 활동을 경험하도록 자유롭고 허용적인 분위기 조성 •영유아의 활동 모습을 자세히 관찰하여 칭찬과 격려 제공
마무리	활동을 정리하며 전체적인 평가가 이루어지는 시간으로 영유아의 긴장을 풀어주는 활동이 되어야 한다. •신체활동이 모든 영유아가 참여하고 즐겁고 신나는 경험이 될 수 있도록 정리 •신체활동 후 자신의 느낌, 생각 등을 표현하고 이야기 나눌 수 있는 기회 제공 •연계되는 추후활동이 있으면 자연스럽게 소개한 후 전이

도록 해야 한다. 그러나 활동시간은 교사가 단독으로 결정하는 것이 아니라, 영유아의 흥미, 참여 정도, 피로감 등을 고려하여 시간을 조절해야 한다.

(3) 가급적 집단 구성은 소집단으로 운영하라

신체활동 집단 구성은 영유아의 연령, 활동 공간, 활동 내용, 교사의 지도능력, 보조교사 유무 등에 따라 달라지나, 대집단보다 소집단으로 집단을 구성하여 신체활동을 운영하는 것이 효과적이다. 대집단으로 신체활동을 진행하다 보면 영유아들이 충분히 움직일 수 있는 공간과 시간이 부족하고, 개별 유아에게 주어지는 교사의 관심이 줄어들기 때문이다. 또한 8~15명 정도의 소집단으로 진행되는 신체활동은 또래 간의 상호작용도 잘 이루어지고, 서로 협력하여 활동에 참여할 수 있도록 도우며, 교사가 수준별 또는 개별지도를 할 수 있도록 한다고 보고되고 있다(김미진, 2008).

(4) 기구와 소품을 충분히 준비하라

신체활동의 효과를 높이기 위해서는 기구 및 소품을 준비하는 것도 중요하다. 신체활동을 위한 기구와 소품은 영유아의 신체활동에 대한 관심과 참여를 극대화할 수 있다. 영유아에게 제공하는 신체활동 관련 기구 및 소품은 영유아의 호기심 및 신체적 발달, 안전에 대해 고려하여 제공해야 한다. 또한 공, 스카프, 평균대 등과 같이 상품화된 기구와 소품뿐만 아니라 가르치는 영유아의 특성을 잘 알고 있는 교사의 창의적인 생각을 통해 제작되는 기구와 소품을 다양하게 사용할 수도 있다(배인자, 한규령, 1996).

(5) 영유아의 성공을 장려하라

영유아가 신체활동을 통해 성취감을 느낄 수 있도록 활동을 구성하고 운영해야 한다. 이를 위해 우선 교사는 영유아의 발달상태, 이전 운동 경험, 운동기술 수준 등을 고려하여 가능한 개별 영유아의 능력과 요구에 맞춘 신체활동을 구성해야 한다. 특히 규칙이 많은 신체 게임 등은 영유아의 능력에 따라 쉽고 단순하게 수정하여 실시하며 팀을 구성할 때 운동기술 수준이 낮은 영유아가 노출되지 않도록 배려해야 한다. 또한 신체활동의 계획을 영유아의 제안과 요구를 반영하여 변화시킬 융통성 있는 자세도 필요하다. 신체활동 과정 중에 영유아는 교사가 계획하지 않은 새로운 아이디어를 제안하거나 이전 활동에서 즐거웠던 경험을 반복해서 해보기를 교사에게 요청할 수 있기 때문이다.

(6) 영유아의 협동심을 유발하라

신체활동은 운동능력의 발달뿐만 아니라 타인을 이해하고 협동하는 경험을 기를 수 있도록 운영해야 한다. 이를 위해 교사는 영유아 간의 능력을 비교하여 잘하는 영유아만 일방적으로 칭찬한다거나 경쟁심을 유발시키는 언어 사용을 자제해야 한다. 영유아들로 하여금 잘하지 못하는 영유아를 함께 기다려주고 도와줄 수 있는 태도를 가지도록 한다. 또한, 교사는 둘 이상 짝이 되는 활동이나 그룹으로 진행되는 활동을 계획할 수도 있다.

이때 능숙한 영유아와 미숙한 영유아가 서로 도울 수 있도록 고려하여 짝이나 그룹을 구성하거나, 게임의 형식으로 진행할 경우 양팀 간의 경쟁보다는 같은 팀 간의 협동을 강조하는 것도 좋은 방법이다.

(7) 한계선과 신호를 정하라

신체활동의 운영을 수월하게 위해 한계선(boundary lines)과 신호를 활용할 수 있다. 영유아들이 원활하게 모였다 흩어졌다 할 수 있도록 모이는 장소를 색 테이프를 붙여서 표시하여 움직임의 한계를 설정할 수 있다. 또한 영유아들이 신체활동에 참여하게 되면 교사의 목소리만으로 신체활동을 진행하는 데 어려움이 발생하기도 한다. 이를 해결하기 위해 영유아와 의논하여 신호를 정할 수 있다. 예를 들어, 리듬막대를 한 번 치면 움직임을 시작하고, 리듬막대를 두 번 치면 움직임을 멈추는 방법이 있다.

(8) 활동에 참여하지 않을 경우 기다린 뒤 천천히 참여하도록 배려하라

영유아는 신체발달의 개인차가 크기 때문에 같은 활동이라도 수행하는 데 차이가 있다. 신체활동을 운영하다 보면 참여하기를 꺼리는 영유아가 있을 수 있다. 이러한 영유아에게 참여하도록 강요하지 말고, 인내심을 갖고 기다린 뒤 천천히 참여를 권하는 것이 좋다. 신체활동에 참여하지 않는 영유아의 경우 다른 친구의 신체활동을 보도록 하는 것도 좋다. 관찰을 하는 동안 신체활동에는 정답이 없다는 것을 함께 깨닫게 되면 자신감을 점차 갖게 되어 자연스럽게 활동에 참여하게 된다.

(9) 가정과 연계하라

영유아의 운동기술은 부모와의 신체활동 참여 여부에 영향을 받으며 가정환경과의 연관이 높다(오연주, 2001). 가정에서 영유아교육기관과 신체활동을 연계해서 실시한다면 영유아의 기초체력 향상에 도움이 된다(김희정, 2009). 따라서 영유아교육과 가정과의의 연계된 신체활동은 중요하다.

신체활동 운영방법에 대해 다시 정리해보면 신체활동은 도입, 전개, 마무리 과정으로 계획·운영하며, 이를 위해 적절한 공간과 시간, 집단구성, 기구와 소품 사용이 필요하다. 이와 더불어 활동의 효과와 안전을 위해 한계선과 신호를 설정하고 영유아가 활동에 참여하고 성공과 협동을 경험할 수 있도록 지지하고 격려하며, 가정과 연계하여 신체활동을 실시해야 한다.

3. 신체 게임 지도방법

영유아교육기관 현장에서 신체 게임은 영유아들의 관심과 참여가 높으나 영유아들은 게임의 내용보다 승리에만 집착하거나, 교사는 결과 판정 시 영유아의 반칙행동을 감안한 벌점을 주는 등 활동 운영에 어려움이 있다. 따라서 영유아의 관심과 참여를 높이고 신체 및 운동기술 발달을 도모할 수 있는 신체 게임의 바람직한 지도방법에 대해 살펴보면 다음과 같다.

1) 원 게임 지도방법

원 게임은 모두 원형으로 앉아서 실시하는 게임으로 서로 경쟁하는 게임이 아니라 주어진 과제를 스스로 성취하는 것이 목적인 게임이다. 원 게임을 실시할 때 다음과 같은 방법으로 지도할 수 있다.

① 원 모양으로 앉기
  - 교사가 테이프를 붙여 원을 표시하거나 앉을 자리를 표시해 줄 수 있음

② 게임 자료에 대해 이야기하기
  - 동기 유발하기(그림 자료, 인형, 수수께끼, 실제 준비물 등)

③ 교사가 게임의 시범을 보이며 말로 설명하기

④ 개별 또는 2~3명이 한꺼번에 움직이는 활동 등으로 다양하게 경험하기

⑤ 게임 진행하는 동안 영유아의 이해와 흥미를 파악하여 과정 중심으로 평가하기

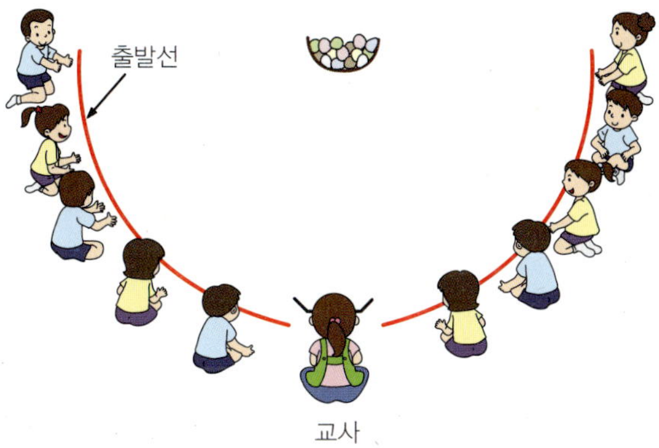

그림 5-2 **원 게임 대형 1**

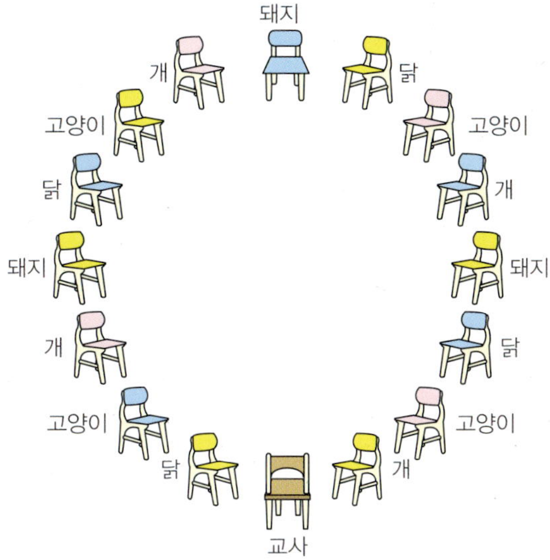

그림 5-3 **원 게임 대형 2**

⑥ 게임 정리 후 사용한 도구는 필요하다면 흥미영역에 제시하기

2) 자유 대형 게임 지도방법

자유 대형 게임은 영유아들이 자유롭게 장소를 이동하면서 자신의 신체를 최대한 활용하는 게임이다. 자유 대형 게임을 실시할 때 다음과 같은 방법으로 지도할 수 있다.

① 한 곳에 모이거나 자유롭게 서 있기

② 게임 시작 전에 게임방법과 자료에 대해 이야기하기

- 동기 유발하기(그림자료, 인형, 수수께끼, 실제 준비물 등)

③ 교사가 게임의 시범을 보이며 말로 설명하기

④ 개별 또는 2~3명이 한꺼번에 움직이는 활동 등으로 다양하게 경험하기

⑤ 게임을 진행하는 동안 영유아의 이해와 흥미를 파악하여 과정 중심으로 평가하기

⑥ 게임 정리 후 사용한 도구는 필요하다면 흥미영역에 제시하기

그림 5-4 **자유 대형 게임 대형**

3) 편 게임 지도방법

편 게임은 양편으로 팀을 나누어서 서로 경쟁하는 게임형태이다. 편 게임은 일대일(1:1)로 겨루는 일대일 편 게임과 릴레이식으로 겨루는 릴레이 편 게임의 형태가 있다.

편 게임을 실시할 때 다음과 같은 방법으로 지도할 수 있다.

(1) 일대일 편 게임 지도방법

① 준비된 의자에 두 편으로 나누어 편 게임 대형으로 앉기

② 게임 인원 수 확인하기

-게임할 친구와 악수하고 제자리로 돌아가기, 교사가 탬버린을 치면 첫 번째 앉은 유아부터 일어나 상대 편 유아 확인하기

③ 게임자료를 보며, 유아와 함께 어떻게 게임을 할 수 있을지 이야기하기

-교사 : 우리가 어떤 게임을 할 수 있을지, 여기에 준비된 것들을 보면서 생각해 보자. 무엇이 보이니?

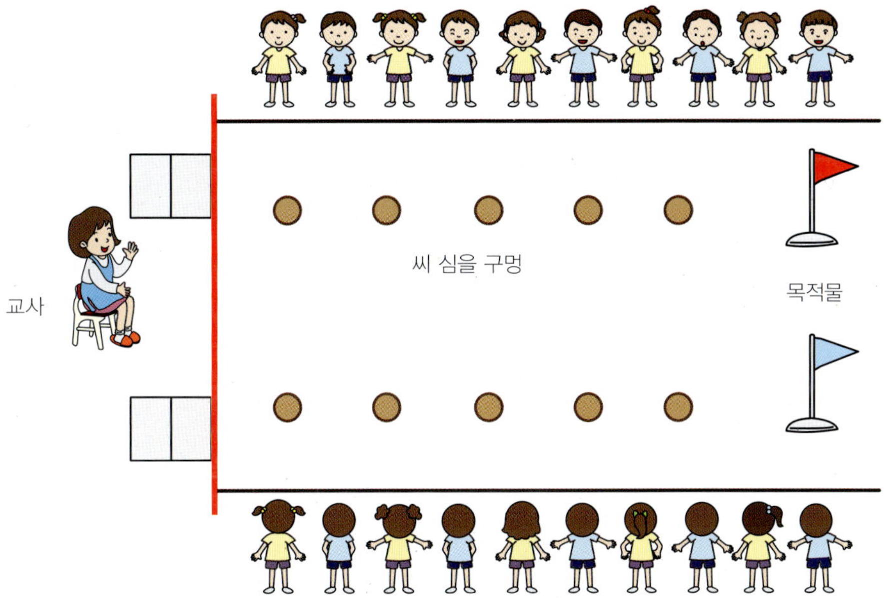

그림 5-5 **일대일 편 게임 대형**

④ 게임방법에 대해 이야기하기

⑤ 게임에 필요한 규칙과 태도 정하기

- 규칙 : 유니바 2개를 건너 뛰기, 꽃 그림 찾아 붙이기
- 태도 : 응원하는 유아는 바른 태도로 응원하기

⑥ 게임의 평가 기준 알려주기

⑦ 게임의 시범 보이기

- 원하는 유아가 나와서 게임의 규칙과 방법을 지켜 게임 보여 주기(유아가 게임을 하면 교사는 게임방법을 말로 이야기해 주기)

⑧ 편 이름 정하기

⑨ 1:1 게임하기

- 게임 진행 중 게임의 규칙과 방법을 정확하게 지키는지 중점을 두고 본 뒤 한 명씩 게임이 끝날 때마다 개별 평가하기

⑩ 편 평가하기

-규칙을 지켜 먼저 들어온 유아가 많은 편에게 1점 주기

-태도가 좋았던 편에게 점수 1점 주기

(2) 릴레이 편 게임 지도방법

① 두 편으로 나누어 편 게임 대형으로 앉기

② 게임 인원 수 확인하기

-처음에 앉은 유아가 1로 시작하여 다음 유아는 연이어 수 세기

-두 명이 함께 출발할 경우 앞에 앉은 유아부터 차례로 두 명이 짝을 지어 수 세기

③ 게임자료를 보며, 유아와 함께 어떻게 게임을 할 수 있을지 이야기하기

④ 게임방법에 대해 이야기하기

-출발선으로 돌아오면 다음 사람은 준비하고 있다가 연이어 출발하기

⑤ 게임에 필요한 규칙과 태도 정하기

⑥ 게임의 평가 기준 알려주기

⑦ 게임의 시범 보이기

-양 편에서 2명씩 나와서 게임의 규칙과 방법을 지켜 게임 보여 주기(유아가 게임을 하면 교사는 게임의 방법을 말로 이야기해 주기)

⑧ 편 이름 정하기

⑨ 릴레이 게임하기

-양편에서 3명씩 나와서 출발선에 서기

-게임 진행속도가 빠르므로 유아들은 순서대로 대기선으로 빠르게 이동하기

-위험하지 않도록 선수의 입장과 퇴장은 의자 뒤로 돌아서 하기

⑩ 평가하고 점수 주기

-어느 편이 규칙을 잘 지키고 먼저 들어왔을까?

-○○편이 응원을 열심히 해주었구나!

⑪ 유아들이 원하면 재 게임을 실시하기

그림 5-6 **릴레이 편 게임 대형**

교사는 영유아의 신체 게임을 지도하는 데 다음과 같은 점을 유의해야 한다.

첫째, 충분하고 안전한 공간을 마련해야 한다.

게임 시 영유아들이 활발하게 몸을 움직이기 때문에 움직일 공간이 충분히 확보가 되어야 하며, 게임에 불필요한 장애물이 없어야 한다. 실외놀이터나 유희실과 같은 넓은 곳에서 실시하는 것이 좋으나, 부득이하게 교실에서 실시할 경우는 교구장을 벽 쪽으로 붙여서 최대한 공간을 넓게 확보해야 한다.

둘째, 신체 게임 내용이 교육적이고 영유아의 발달 수준에 적절한지를 고려한다.

신체 게임의 내용은 생활주제에 적합하거나 교육적이며 영유아의 연령에 따른 지적발달, 신체발달 능력을 고려하여 이해하기 어려운 규칙이나 신체적으로 힘든 동작 등이 포함되지 않도록 한다.

셋째, 교사는 공정한 심판이 되어야 한다.

교사는 게임 시작 전부터 규칙에 대해 명확히 이야기해 주고 영유아들이 규칙을 지키며 게임할 수 있도록 지원해야 한다. 또한 게임과정을 주시하여 규칙을 어기는 경우가 없는지 잘 살펴보고 규칙을 지키지 않았을 경우는 이야기하고 평가에 반영하여야 한다.

넷째, 게임을 위해 필요한 기구를 미리 준비한다.

교사는 신체 게임에 필요한 기구를 미리 준비하고, 편 게임의 경우 필요한 점수판, 점수 카드를 미리 준비한다.

4. 신체활동 계획안

신체활동 계획안은 주제를 중심으로 계획된 학습목표를 가르치기 위한 구체적인 교수 과정이다. 이러한 활동계획안의 작성 및 실행이 교육활동의 모든 성공을 가져다주는 것은 아니지만 교사들은 활동계획안의 작성을 통하여 활동에 대한 전체적인 윤곽을 그리고 발생할 수 있는 문제를 예측하고 대처할 수 있게 된다.

영아와 유아를 위한 신체활동 계획안의 구체적인 예를 소개하면 다음과 같다.

1) 영아(1세) 활동계획안

※ 활동명, 활동목표, 활동자료를 참고하여 활동방법을 자세히 기록해 보세요.

활동명	내 몸을 크게 작게
활동목표 및 교육과정 요소	•선생님의 행동을 모방하여 흉내 내기를 해본다. 예술경험〉 예술적 표현하기〉 모방행동 즐기기〉 소리나 얼굴 표정, 몸 움직임 등을 모방한다 •자신의 몸을 다양하게 움직여 본다. 신체운동〉 신체 조절과 기본운동하기〉 대근육 조절하기〉 누웠다 앉기 등 몸의 움직임을 조절한다
활동자료	손바닥 스티커
활동방법	1. 교사가 몸을 구부리고 펴는 모습을 보여 주며 영아가 흉내 낼 수 있도록 한다. 2. 벽에 붙인 손바닥 스티커에 영아가 손바닥을 맞춰보도록 한다.

활동명	내 몸을 크게 작게
활동목표 및 교육과정 요소	•선생님의 행동을 모방하여 흉내 내기를 해본다. 예술경험〉 예술적 표현하기〉 모방행동 즐기기〉 소리나 얼굴 표정, 몸 움직임 등을 모방한다 •자신의 몸을 다양하게 움직여 본다. 신체운동〉 신체 조절과 기본운동하기〉 대근육 조절하기〉 누웠다 앉기 등 몸의 움직임을 조절한다
활동자료	손바닥 스티커
활동방법	1. 교사가 몸을 구부리고 펴는 모습을 보여 주며 영아가 흉내 낼 수 있도록 한다. - 다리를 쭉 펴고 일어나니 다리가 길~어 졌어요! - 앉았더니 다리가 짧아졌네요. - OO도 선생님처럼 해볼까요? - 다리를 쭉 펴고 양팔을 위로 만세를 해봐요. - (영아가 따라하는 것을 기다리며) 내 몸이 길어졌어요. - 앉아서 몸을 웅크려 보세요. - 내 몸이 작아졌어요. 2. 벽에 붙인 손바닥 스티커에 영아가 손바닥을 맞춰보도록 한다. - 벽에 손바닥이 많이 있네요. 손바닥을 손바닥 스티커에 대볼까요? - 손바닥이랑 손바닥 스티커가 만났네요. - 위에도 손바닥 모양이 있어요. 한 손으로 위에 있는 손바닥을 대어볼까요? - OO이는 맨 꼭대기에 있는 손바닥에 손을 대어보았구나! 키가 커졌네요. - 제일 아래쪽의 손 모양인 스티커부터 점점 위로 손바닥을 대어볼까요? - OO이 몸이 점점 커지는구나. - 이번에는 제일 위쪽에 있는 손 모양인 스티커부터 점점 아래로 손바닥을 대어볼까요? - OO이 몸이 점점 작아지네요. - OO야, 두 손으로 맨 위에 있는 손바닥 스티커를 짚어볼까요?

출처 : 보건복지부(2013b). 어린이집 표준보육과정에 기초한 영아보육프로그램 1세②. p. 12-13.

2) 유아(5세) 활동계획안

(1) 신체활동 계획안

※ 활동명, 활동목표, 활동자료를 참고하여 활동방법을 자세히 기록해 보세요.

활동명	훌라후프 징검다리
활동목표 및 교육과정 요소	• 신체의 조절능력을 기른다. 신체운동·건강〉 신체활동에 참여하기〉 기구를 이용하여 신체활동하기 • 여러 가지 방법으로 훌라후프를 뛰어 넘는다. 사회관계〉 다른 사람과 더불어 생활하기〉 친구와 사이좋게 지내기
활동자료	훌라후프 동영상, 사진, ppt 훌라후프
활동방법	1) 훌라후프 동영상을 보고 이야기 나눈다. 2) 다양한 방법으로 훌라후프를 탐색해 본다. 3) 훌라후프를 가지고 자유롭게 놀이를 한다. 4) 유아가 발견한 훌라후프 놀이방법을 소개해 보도록 한다. 5) 훌라후프로 징검다리 놀이를 해본다. 6) 훌라후프로 달리기를 해본다.
활동의 유의점	1) 두 명 이상의 유아가 활동을 할 때 안전에 유의한다. 2) 건너뛰는 유아의 두 발이 땅에 완전히 닿은 후 뒤쪽의 훌라후프를 옮기도록 한다.
활동 평가	1) 두 발 모아 뜀뛰기를 할 수 있는지 평가한다. 2) 여러 가지 방법으로 훌라후프를 뛰어 넘을 수 있는지 평가한다.

활동명	훌라후프 징검다리
활동목표 및 교육과정 요소	• 신체의 조절능력을 기른다. 신체운동·건강〉 신체활동에 참여하기〉 기구를 이용하여 신체활동하기 • 여러가지 방법으로 훌라후프를 뛰어 넘는다. 사회관계〉 다른 사람과 더불어 생활하기〉 친구와 사이좋게 지내기
활동자료	훌라후프 동영상, 사진, ppt 훌라후프
활동방법	1) 훌라후프 동영상을 보고 이야기 나눈다. - 훌라후프로 무엇을 하고 있나? 2) 다양한 방법으로 훌라후프를 탐색해 본다. - 양손으로 훌라후프를 잡고 손을 한 방향으로 움직여가며 훌라후프의 둘레를 한바퀴 돌려 볼까? - 앞에 세워서 자기 키와 비교해 볼까? - 훌라후프를 바닥에 놓고 다양한 방법으로 원 안에 들어가기와 나오기를 할 수 있을까? - 훌라후프의 안에서 밖으로, 밖에서 안으로 두 발 모아 뛰기를 할 수 있을까? - 두 발 번갈아 가며 연속하여 멀리뛰기를 할 수 있을까? 3) 훌라후프를 가지고 자유롭게 놀이를 한다. 4) 유아가 발견한 훌라후프 놀이방법을 소개해 보도록 한다. 5) 훌라후프로 징검다리 놀이를 해본다. - 바닥에 5개의 훌라후프를 일직선으로 연결하여 놓아 볼까? - 두 발을 번갈아 뛰거나 두 발을 모아서 뛸 수 있을까? - 두 사람이 한 조가 되어 두 개의 훌라후프를 사용해 보면 어떨까? - 훌라후프를 건너뛰는 사람과 옮겨 주는 사람을 정해서 해보면 어떨까? 6) 훌라후프로 달리기를 해본다. - 두 명이 한 조가 되어 훌라후프 2개를 연결할 수 있을까? - 한 곳에 한 명씩 들어가서 훌라후프를 두 손으로 잡아 볼까? - 제자리에서 발을 맞추어 걸어볼 수 있을까? - 서로 발을 맞추어 뛰어서 반환점을 돌아오는 게임을 해보면 어떨까?
활동의 유의점	1) 두 명 이상의 유아가 활동을 할 때 안전에 유의한다. 2) 건너뛰는 유아의 두 발이 땅에 완전히 닿은 후 뒤쪽의 훌라후프를 옮기도록 한다.
활동 평가	1) 두 발 모아 뜀뛰기를 할 수 있는지 평가한다. 2) 여러 가지 방법으로 훌라후프를 뛰어 넘을 수 있는지 평가한다.

출처 : 교육과학기술부(2013b). 누리과정 만 5세. '나와 가족'. p. 40-41.

(2) 신체 게임 계획안

※ 활동명, 활동목표, 활동자료를 참고하여 활동방법을 자세히 기록해 보세요.

활동명	철인 3종 경기
활동목표 및 교육과정 요소	•세계인이 함께하는 올림픽의 종목에 관심을 갖는다. 사회관계〉 사회에 관심 갖기〉 세계와 여러 문화에 관심 가지기 •신체를 긍정적으로 인식하고 3종 경기를 경험한다. •릴레이 게임의 규칙을 지키며 게임에 적극적으로 참여한다. 신체운동·건강〉 신체 인식하기〉 신체를 인식하고 움직이기
활동자료	사진자료(철인 3종 경기: 수영, 사이클, 마라톤), 유아용 자전거, 그물망
활동방법	1) 양편으로 나누어 앉은 후 인원 수를 확인한다. 2) 사진자료를 보며 '철인 3종 경기'에 대하여 간단히 이야기한다. 3) 게임자료를 보며 게임방법을 알아본다. 4) 릴레이 게임임을 알려준다. 5) 유아가 나와서 시범을 보여 준다. 6) 게임을 하는 동안 지켜야 할 태도에 대해 이야기한다.

<table>
<tr><td>활동방법</td><td>7) 게임을 한다.

8) 게임 평가를 한다.

9) 게임을 해 본 소감을 이야기한다.</td></tr>
<tr><td>활동의 유의점</td><td>1) 3종 경기의 종류는 각 기관의 상황을 고려하여 유아들이 해볼 수 있는 것으로 변경하여 진행할 수 있다.</td></tr>
<tr><td>활동 평가</td><td>1) 올림픽 종목에 관심을 갖고, 규칙을 지켜 신체활동에 참여하는지 평가한다.
가) 세계인이 함께 하는 올림픽 종목에 관심을 갖는가?
나) 신체활동에 즐겁게 참여하는가?
다) 규칙을 지키며 게임에 적극적으로 참여하는가?</td></tr>
<tr><td>확장활동</td><td>1) 유아들이 3종 경기를 게임으로 해본 후, 그 방법이나 느낌 등을 이야기 나누면서 유아들이 함께 동시를 지어보는 활동으로 해볼 수 있다.</td></tr>
</table>

활동명	철인 3종 경기
활동목표 및 교육과정 요소	•세계인이 함께하는 올림픽의 종목에 관심을 갖는다. 사회관계〉 사회에 관심 갖기〉 세계와 여러 문화에 관심 가지기 •신체를 긍정적으로 인식하고 3종 경기를 경험한다. •릴레이 게임의 규칙을 지키며 게임에 적극적으로 참여한다. 신체운동·건강〉 신체 인식하기〉 신체를 인식하고 움직이기
활동자료	사진자료(철인 3종 경기: 수영, 사이클, 마라톤), 유아용 자전거, 그물망
활동방법	1) 양편으로 나누어 앉은 후 인원수를 확인한다. 2) 사진 자료를 보며 '철인 3종 경기'에 대하여 간단히 이야기 한다. - 어떤 경기들을 하고 있니? - 왜 철인 3종 경기(수영, 사이클, 마라톤)라고 부를까? (3가지 경기를 해서 인간 체력의 한계에 도전하는 경기) - 이렇게 힘든 경기를 여러 나라 사람들이 모여서 왜 하는 것일까? (각 나라에서 잘하는 사람들이 서로 함께 경기를 하면 더 좋은 기록을 낼 수도 있고, 함께 경기를 하면서 즐거움을 느낄 수 있음)
활동방법	3) 게임 자료를 보며 게임 방법을 알아본다. - 우리가 해 볼 수 있는 3종 경기를 해보도록 하자. - 어떤 게임을 할 수 있을지 준비된 자료를 보며 이야기해 본다. (엎드려서 그물 통과하기, 네발 자전거를 타고 목적물을 돌아오기, 출발선까지 달려오기) 4) 릴레이 게임임을 알려준다. 5) 유아가 나와서 시범을 보여준다. - 우리가 이야기한 방법대로 게임을 보여줄 수 있는 어린이 있니? (그물 통과하기→네발 자전거 타고 선 따라 돌기→출발선까지 달려오기) 6) 게임을 하는 동안 지켜야 할 태도에 대해 이야기한다. - 서로를 열심히 응원해 준다, 바른 자세로 앉아서 응원을 한다 등 7) 게임을 한다. - 양편에 각각 한명의 유아가 나와 서고, 다음 순서인 유아도 함께 나와서 뒤에 기다린다. - 앞의 유아가 출발선에 도착하여 서로 악수를 하거나 혹은 손뼉을 치면 다음 유아가 출발한다. 8) 게임 평가를 한다. - 어느 편이 규칙을 지켜 먼저 들어왔을까? - 어느 편이 열심히 응원해 주었니? 9) 게임을 해 본 소감을 이야기한다.
활동의 유의점	1) 3종 경기의 종류는 각 기관의 상황을 고려하여 유아들이 해볼 수 있는 것으로 변경하여 진행할 수 있다.
활동 평가	1) 올림픽 종목에 관심을 갖고, 규칙을 지켜 신체활동에 참여하는지 평가한다. 가) 세계인이 함께 하는 올림픽 종목에 관심을 갖는가? 나) 신체활동에 즐겁게 참여하는가? 다) 규칙을 지키며 게임에 적극적으로 참여하는가?
확장활동	1) 유아들이 3종 경기를 게임으로 해본 후, 그 방법이나 느낌 등을 이야기 나누면서 유아들이 함께 동시를 지어보는 활동으로 해볼 수 있다.

출처 : 교육과학기술부(2013c). 누리과정 만 5세. '세계여러나라'. p. 191-193.

제6장

영유아 신체활동을 위한 환경 구성

1. 영유아 신체활동을 위한 환경 | 2. 영유아를 위한 신체활동 자료

영유아교육기관에서 신체활동이 잘 이루어지기 위해서는 영유아가 대·소근육을 사용하고 다양한 신체활동을 경험하기 위해서는 충분한 공간을 확보하는 것이 중요하다. 이처럼 잘 구성된 신체활동 환경 구성에서 신체활동을 위한 다양한 기구와 소품을 제공할 때 영유아의 운동능력 발달을 효과적으로 이루어질 수 있다. 따라서 영유아교육기관에서 신체활동을 위한 환경 구성은 움직임이 활발히 일어날 수 있는 충분한 공간에서 다양한 운동능력 발달을 지원할 수 있는 영유아의 발달에 적합한 기구를 제공하는 환경 구성이 필요하다.

프로스트의 공간 구성 원리에 의하면, 교실 내 흥미영역은 〈그림 6-1〉과 같이 활동적인 곳과 조용한 곳, 건조한 곳과 물이 있는 곳이라는 두 축을 중심으로 네 개의 공간으로 구분하여 구성된다(Frost & Kissinger, 1976).

영유아를 위한 신체활동 공간은 별도의 공간을 따로 마련하기도 하지만 교실 내에서 구성할 때는 일반적으로 음률영역과 함께 활동량이 많고 물기가 없는 제2지역에 배치하고, 쌓기놀이영역, 역할놀이영역과 인접하게 배치하여 조용한 영역을 방해하지 않도록 한다. 또한 영유아가 자유롭게 출입이 가능하도록 개방적으로 구성되어야 하며, 영유아의 흥미에 따라 스스로 선택하여 직접적으로 경험할 수 있도록 신체활동 관련 자료와 기구를 제공해야 한다.

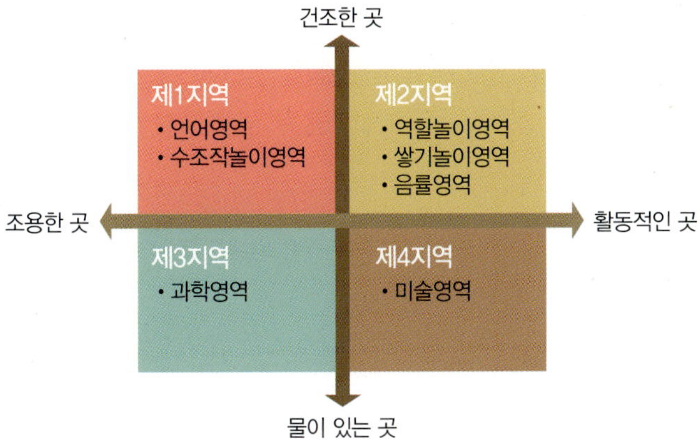

그림 6-1 **프로스트의 공간 구성 원리에 따른 배치**

본 장에서는 영유아의 신체활동을 위한 환경 구성과 자료에 대해 제시하였다.

1. 영유아의 신체활동을 위한 환경

신체활동을 위한 환경 구성은 실내환경과 실외환경으로 나누어 살펴볼 수 있다.

1) 실내 환경

교실 내 신체활동 공간은 영아반의 경우 대근육활동영역, 유아반의 경우에는 쌓기놀이영역, 음률영역 등이 해당한다. 그러나 신체활동을 하기 위한 충분한 공간이 확보되지 않아 부딪히는 등 사고가 발생할 수 있으므로 '제자리·안정 운동기술'과 같은 활동이나 볼링, 선 따라 걷기, 과녁 맞추기, 사방치기 등의 소음이 적게 발생하고 제한된 공간에서 활동할 수 있는 '이동 운동기술', 리본막대, 스카프 등을 도구를 이용한 활동을 계획하여 실시할 수 있다. 교실 내에서 충분한 공간을 확보하기 어렵다면 교실 내에 마련된 교구장 및 책상, 의자 등을 벽 쪽으로 밀어붙여 충분한 공간을 확보한 다음 신체활동을 진행할 수 있다.

영유아들이 오랜 시간 교육기관에 머무르는 경우에는 일과 중에서 다양한 대근육활동을 할 수 있는 환경을 구성할 필요가 있다. 특히 영아반의 경우에는 교실 내에서 오르고 내리고 타고, 밀고 뛰고 길 수 있는 시설과 설비를 갖추어야 한다. 구체적으로 살펴보면 다음과 같다.

① 0세 반 : 기어 다니거나 걸음마를 연습하는 시기
- 평평한 공간, 기어 올라가고 내려오기를 할 수 있는 경사로, 몇 개의 계단이 있는 공간, 잡고 서기, 걷기를 할 수 있는 공간 제공

② 1세 반 : 걷기, 계단 오르기 등 새로운 운동 기술을 연습하는 시기
- 적극적으로 움직일 수 있으며 안전한 모험이 이루어질 수 있도록 함
- 끌고 다닐 수 있는 놀잇감 등을 이용할 수 있는 평평하고 넓은 공간 제공

③ 2세 반 : 신체의 움직임이 능숙해지고 신체활동을 즐기는 시기
- 보다 넓은 신체활동영역 공간과 운동능력 발달을 도울 수 있는 신체활동 관련 기구와 소품 제공

그림 6-2 **0세 반 대근육활동영역**
출처 : 구립 보림어린이집

그림 6-3 **1세 반 대근육활동영역**
출처 : 구립 보림어린이집

만 3세 이상 유아들은 대근육뿐만 아니라 소근육도 발달함에 따라 바른 자세 형성과 운동기능 발달이 이루어진다. 따라서 몸의 균형을 유지하고 신체를 조절하는 과정을 경

그림 6-4 **3세 반 쌓기놀이영역**
출처 : 아이코리아부속새세대유치원

그림 6-5 **5세 반 쌓기놀이영역**
출처 : 아이코리아부속새세대유치원

험하게 되므로 교실 내에서 소근육과 대근육을 발달시킬 수 있는 활동을 제공해야 한다. 이를 위해 교실 내 쌓기놀이 영역에서는 방해받지 않고 구조물을 구성할 수 있도록 적합한 위치에 충분한 공간을 마련하고 여러 가지 크기의 모양과 재질의 블록 등을 제공해 주어야 한다.

교실 내 음률영역에서도 신체활동이 이루어질 수 있도록 인접영역의 방해가 이루어지지 않는 곳에 충분한 공간을 확보하여 배치한다. 대부분의 영유아교육기관에서 음률영역에 악기 위주로 자료를 제공해 주고 있다. 음률영역은 단순히 음악을 감상하고 악기를 다루어 보는 정적인 활동에 그치지 말고 몸을 자유롭게 움직여 보는 다양한 신체활동을 제공해야 하는데 이를 위해 리본막대, 스카프, 공, 고무 밴드 등 신체활동 관련 도구들을 비치할 수 있다.

그림 6-6 **3세 반 음률영역**
출처 : 아이코리아부속새세대유치원

이 외에도 교사가 계획하여 수행하는 대집단활동으로 신체활동이 이루어지는 공간으로 유희실, 율동실, 신체활동실, 체육실, 대근육실, 강당 등이 있다. 이러한 공간들은 충분

그림 6-7 **영아를 위한 대근육실**
출처 : 구립 보림어린이집

그림 6-8 **유아를 위한 신체활동실**
출처 : 세종어린이집

히 넓고 개방된 공간이기 때문에 큰 기구 및 도구들을 비치할 수 있다는 장점이 있다.

유희실, 율동실 등의 집단활동 공간 구성시 고려해야 할 점을 구체적으로 살펴보면 다음과 같다(김지영, 황혜경, 이영애, 김선희, 성연승, 2013).

① 자유롭게 마음껏 움직일 수 있도록 충분한 크기의 공간을 확보한다. 그러나 때로는 너무 넓은 공간이 영유아에게 위축감을 주거나 산만해져 교사가 지도할 때 어려움이 발생할 수 있다. 이를 위해 바닥에 테이프나 이동식 설비 등을 이용하여 경계선을 표시하여 공간을 제한할 수 있다.

② 나무로 된 청결하고 미끄러지지 않는 바닥이나 부상을 방지할 수 있는 탄력 있는 바닥 재질이 좋다.

③ 신체활동을 하다 보면 먼지가 많이 발생하거나 영유아들이 쉽게 더워할 수 있다. 영유아들이 쾌적하게 신체활동을 하기 위해 통풍이 원활하고 환기가 잘 되며 온도 조절이 가능한 곳이어야 한다.

④ 안전한 공간이어야 한다. 시설물 중 영유아가 다칠 수 있는 부분이 있다면 부드러운 재질(스펀지)을 붙여 안전사고에 대비해야 한다. 부딪히거나 사고를 야기할 수 있는 물건은 사전에 제거하고 정기적으로 안전점검을 실시하여 안전사고에 대비하도록 한다.

⑤ 비치되어 있는 기구나 도구, 소품은 영유아들이 흥미를 유지할 수 있도록 적절한 시

기에 교체해 주며, 충분히 수와 양을 제공하여 신체활동이 활발히 일어날 수 있도록 지원해 준다.

2) 실외 환경

실외 환경은 실내 환경과 마찬가지로 영유아에게 매우 중요하다. 영유아들은 실외놀이를 하면서 자유롭게 탐색하고 활발하게 움직이는 가운데 신체발달 및 운동능력이 발달된다. 실외활동은 실내활동이 연계되거나 확장될 수 있도록 이루어져야 하며, 오히려 실내에서 할 수 없었던 활동적이고 도전적인 놀이가 이루어지므로 영유아들이 즐거워하고 긴장감을 해소할 수 있다.

영유아교육기관에서의 실외 환경도 영유아의 발달 수준에 적합하고 다양한 경험을 할 수 있는 환경 구성과 자료를 준비해 주어야 한다. 실외 운동놀이영역은 안전성을 확보한 개방된 공간과 놀이기구를 배치한 대근육놀이 공간으로 구성된다. 일부 기관에서는 운영철학에 따라 언덕이나 동산을 활용하여 신체활동 공간으로 제공하는 경우도 있다. 기관이 협소한 경우에는 지역사회의 공원이나 아파트 놀이터를 활용하는 경우도 있다.

이러한 실외 운동놀이영역은 시설과 기구의 기능에 따라 고정된 시설물과 이동 가능한 기구로 구분할 수 있다.

(1) 고정된 시설물

고정된 시설물이란 바닥에 고정되어 이동이 불가능한 시설물을 의미한다. 고정된 실외놀이 시설물을 통해 영유아들은 대근육운동능력을 기르고 기어오르기, 매달리기 등 다양한 운동놀이를 경험할 수 있다. 고정된 실외 놀이시설에는 정글짐, 그네, 시소, 흔들 목마, 미끄럼틀, 흔들다리, 징검다리, 줄타기, 복합놀이 시설물, 놀이집, 텐트, 모래밭, 철봉 축구골대 등이 있다.

(2) 이동이 가능한 기구

이동이 가능한 기구란 고정된 시설이 아니라 이동 및 조립이 가능한 신체활동 기구를 뜻한다. 이동 기구는 장소 이동이 가능하고 목적에 따라 변형시킬 수 있기 때문에 좁은 공간에서 사용할 수 있으며, 영유아가 스스로 놀이 환경을 구성할 수 있는 장점이 있다. 이동이 가능한 기구에는 이동용 사다리, 널빤지, 흔들 배, 평균대, 트램펄린, 링 터널, 자전거, 축구골대, 운전대, 공, 막대, 줄, 블록 등이 있다. 이러한 이동 기구는 사용 후 창고 속에 정리·보관해야 한다. 이렇게 함으로써 비, 눈, 먼지로부터 보호하여 오래 사용할 수 있으며 영유아들의 정리정돈 습관을 기를 수 있다.

신체활동이 효과적으로 이루어지기 위한 실외 환경 구성을 구성할 때 영유아의 신체발달 및 운동능력을 고려하여 연령에 따라 달리 구성할 필요가 있다. '영아'와 '유아'로 구분하여 실외 환경을 구성할 때 고려할 점에 대해 살펴보면 다음과 같다.

영아를 위한 실외환경 구성

- 영아가 자신의 감각기관을 활용하여 학습할 수 있는 실외환경으로 구성한다.
- 영아는 자신의 흥미에 따라 신체활동에 참여한다. 따라서 영아의 흥미와 요구를 정확하게 파악하고 이에 따른 교구 및 자료를 비치한다.
- 영아는 아직 대·소근육 및 운동능력이 덜 발달되어 있기 때문에 안전을 고려하여 환경을 구성한다.
- 영아를 위한 신체활동영역으로 미끄럼틀, 그네 등의 대근육활동영역을 비롯하여 물놀이 및 모래놀이영역 등을 구성할 수 있다.

유아를 위한 실외환경 구성

- 유아는 신체활동에 대한 흥미가 많고 요구도 다양한 신체활동이 이루어질 수 있는 넓은 공간을 확보한다.
- 유아의 여러 가지 신체활동 경험을 위해 모래, 잔디, 흙 등 다양한 재질 표면과 언덕과 평평한 곳, 그늘진 곳과 양지 바른 곳 등의 환경으로 구성한다.

그림 6-9 **실외놀이 영역**
출처 : 아이코리아부속새세대유치원

그림 6-10 **모험놀이 영역-동굴**
출처 : 대전 전원유치원

그림 6-11 **모험놀이 영역-미로**
출처 : 대전 전원유치원

- 유아는 고정된 시설뿐만 아니라 자신이 스스로 놀이환경을 구성할 수 있도록 이동 가능한 기구 및 친구와 함께 놀이할 수 있도록 장려하는 소품 등을 함께 제공한다.
- 유아를 위한 실외영역으로는 모험놀이영역, 대근육활동영역, 물놀이영역, 모래놀이영역, 극 놀이영역, 목공놀이영역 등 다양한 경험을 할 수 있는 신체활동영역을 배치한다.

2. 영유아를 위한 신체활동 자료

영유아의 신체활동을 촉진하기 위해서는 제공되는 자료는 영유아가 신체활동에 관심을 가지고 스스로 신체활동을 할 수 있도록 도와준다. 따라서 신체활동 자료는 영유아의 신체발달 수준에 적합한 활동자료이어야 한다.

어린이집 평가인증지표에서는 영유아의 신체활동과 관련하여 실외 환경인 옥외놀이터 설치와 놀이기구, 신체활동영역과 자료 등에 관해 다음과 같이 제시하고 있다(한국보육진흥원, 2014).

표 6-1 신체활동을 위한 어린이집 환경 및 자료 관련 지표

1. 옥외놀이터 또는 대체놀이터가 구비되어 있다. 2. 옥외놀이터 또는 대체놀이터에 놀이기구가 3종 이상 있다. 3. 놀이터에 마련된 놀이기구는 영유아의 발달에 적합하다. 4. 옥외놀이터 또는 대체놀이터 놀이시설 설치검사가 이루어졌다. 5. 놀이터 내에 나무, 꽃 등 자연물이 포함되어 있다. 6. 옥외놀이터에 모래놀이터 또는 물놀이 공간이 있다. 7. 대근육발달을 위한 신체활동 자료가 다양하고 충분하게 구비되어 있다.

출처 : 한국보육진흥원(2014). 어린이집 평가인증 안내. 서울: 보건복지부.

신체활동을 위한 자료를 '영아'와 '유아'로 구분하여 제시하면 다음과 같다.

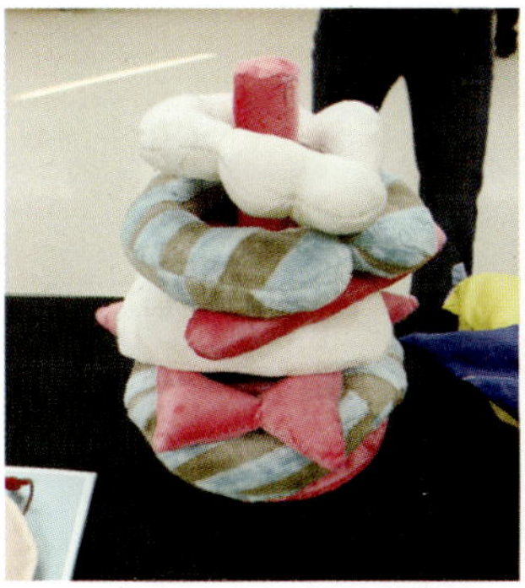

그림 6-12 **고리 끼우기**

그림 6-13 **공 던지기**

그림 6-14 **볼링놀이**

표 6-2 영아를 위한 신체활동 자료

연령	신체활동 자료
0~1세	영아용 침대에서 사용가능한 놀이기구(손목, 발목 딸랑이, 침대걸이 놀잇감), 기어오를 수 있는 계단이나 경사로(부드러운 솜이나 스펀지를 넣은 것), 아기놀이터, 실내용 그네(등이나 양 옆, 앞면에 안전벨트가 있는 것), 잡고 걸을 수 있도록 벽을 따라 설치된 봉, 스펀지 블록, 큰 공(천이나 플라스틱), 밀고 당기는 놀잇감(단순하고 손에 쥘 수 있는 크기), 타는 놀잇감 등
2세	미끄럼틀, 볼풀 놀이대 등 고정식 놀이기구, 흔들 목마, 자동차, 끌차, 유모차, 손수레, 진공청소기 등 이동식 놀이기구, 공, 후프 등의 운동기구, 종이벽돌 블록, 스펀지 블록 등

출처 : 한국보육진흥원(2014). 어린이집 평가인증 안내. 서울: 보건복지부.

1) 0~2세 영아를 위한 신체활동 환경 자료

영아의 움직임 발달을 고려하여 오르고 내리기, 타고 밀기, 뛰고 기기를 위한 시설과 설비, 자료를 갖추도록 한다. 영아의 발달 특성을 고려하여 영아가 좋아하는 놀잇감은 색, 모양, 크기가 똑같은 것으로 여러 개 준비한다(보건복지부, 2013a; 한국보육진흥원, 2014).

- 0세 : 영아용 침대에서 사용이 가능한 놀이 기구, 스펀지 블록, 공, 밀고 당기는 놀잇감
- 1세 : 운동놀이 기구, 스펀지블록, 공, 밀고 당기는 놀잇감, 방울, 마라카스, 리듬막대, 실로폰, 리본막대 등
- 2세 : 미끄럼틀, 종합 놀이대, 볼풀 놀이대 등 고정식 놀이기구와 이동식 목마, 자동차,

끌차, 공, 후프 등

2) 3~5세 유아를 위한 신체활동 자료

3세 이상 유아기에는 대근육이 발달함에 따라 다양한 신체활동이 자주 발생하는데 이를 위해 교실 내 흥미영역인 쌓기놀이영역, 음률영역과, 유희실 등의 신체활동실, 실외환경에서 다양한 신체활동 자료를 제공해 주어야 한다.

(1) 교실

유아반 쌓기놀이 영역에서는 방해받지 않고 구조물을 구성할 수 있도록 충분한 공간을 마련하도록 한다. 또한 유아의 구성 및 조작 능력을 고려하여 블록을 제공해야 하므로 연령에 다음과 같이 달리 제공할 수 있다.

- 3세 : 단순하고, 크고, 가볍고, 조작이 간단한 자료 제공
  (예: 우레탄블록, 종이벽돌블록, 스펀지블록, 보들이블록 등)
  다양한 종류보다는 같은 종류라도 양을 충분히 제공
- 4세 : 3세보다 다양한 블록과 소품 제공
  (예: 레고블록, 할로우블록, 와플블록, 자동차길 블록 등)
- 5세 : 구성물을 섬세히 만들 수 있는 블록과 소품 자료를 함께 제공
  (예: 유니트블록, 렉스블록, 링컨블록, 아이링크블록 등)
  친구와 협력하여 구성할 수 있도록 소품과 공간 마련

교실 내 음률영역에서도 다양한 움직임이 자유롭게 일어날 수 있도록 다음과 같은 자료를 제공해 줄 수 있다.

- 신체활동 자료 : 공, 타이어, 리본, 스카프, 줄, 훌라후프, 고무밴드, 콩주머니, 막대, 풍선, 깡통, 색깔판, 모양판 등

(2) 신체활동실

좁은 교실에서 벗어나 실내에 충분한 신체활동 공간으로 마련된 신체활동실(유희실, 율동실, 체육실, 대근육실, 강당)은 충분히 넓고 개방된 공간이기 때문에 큰 기구와 도구들을 비치하여 영유아의 다양한 신체활동을 도울 수 있다. 신체활동실에 비치할 수 있는 구체적인 자료로는 다음과 같다.

- 기구 : 평균대, 철봉대, 이동용 사다리, 정글짐, 기어오르기 기구, 매트, 터널, 뜀틀, 간이 농구골대, 흔들 목마, 미끄럼틀, 흔들 배, 탈것, 트램펄린
- 도구 : 배드민턴 라켓, 공, 팥주머니, 후프, 리듬막대, 신호악기, 투호, 고리 던지기, 뜀뛰기, 막대, 파라슈트 등
- 소품 : 풍선, 발자국, 끈, 빈 상자, 고무줄, 리본, 털실, 헝겊, 끈 제기, 블록, 운전대 등

(3) 실외 운동놀이영역

실외환경은 다양한 영역으로 구성되나, 다음은 신체 움직임이 크고 대근육활동을 할 수 있는 운동놀이영역의 자료에 대해 살펴보겠다.

- 복합놀이시설 : 시소, 미끄럼틀, 그네, 정글짐, 그물망, 흔들다리 등
- 기구 : 평균대, 뜀틀, 매트, 자동차, 자전거, 손수레 등
- 도구 : 크기가 다른 공, 굴렁쇠, 후프, 줄넘기, 제기, 고무줄 등

이러한 실외 운동놀이 시설 및 기구, 도구 등은 연령에 따라 다음과 같이 달리 제공할 수 있다.

- 3세 : 경사가 완만하고 길이가 짧은 미끄럼틀, 소형의 탈것 등
- 4세 : 신체 조절능력, 평형감각, 지구력 증진을 위한 평균대 걷기, 공 굴리기, 고무줄 뛰기 등 다양한 운동놀이 기구를 비치
- 5세 : 흔들다리 등 모험놀이를 할 수 있는 기구와 도구 제공

표 6-3 유아와 실외환경 신체활동 자료

연령 및 장소	신체활동 자료
3~5세	놀이집, 그네, 미끄럼틀, 낮은 철봉, 시소 등 고정식 놀이기구, 차량 모형, 운전대, 타이어 오름대, 드럼통 터널, 안전 널빤지, 받침대, 사다리, 평균대, 흔들 목마, 매트, 자전거, 손수레, 끌차, 이동식 농구대, 다양한 크기의 블록류(플라스틱 공간 블록, 종이벽돌 블록, 나무 블록 등), 줄 넘기, 훌라후프, 던지기용 고리, 볼링놀이, 크고 작은 모형(동물, 사람, 공룡 등의 인형이나 모형, 탈 것(기차, 트럭, 레미콘, 구급차 등), 극놀이 소품(가면, 교통신호나 표지판 등)
실외환경	고정된 운동놀이 시설인 복합놀이시설(시소, 미끄럼틀, 그네, 정글짐, 그물망, 흔들다리 등), 운동놀이 기구(평균대, 뜀틀, 매트 등), 도구(크기가 다른 공, 굴렁쇠, 후프, 줄넘기, 제기, 고무줄 등)

출처 : 한국보육진흥원(2014). 어린이집 평가인증 안내. 서울: 보건복지부.

※ 영유아의 연령과 장소에 적합한 신체활동 자료를 작성하시오.

연령 및 장소	신체활동 자료
0~1세 영아	
2세 영아	
3~5세 유아	
실외 놀이터	

제7장

영유아 신체활동의 평가

영유아를 위한 신체활동에서 평가란 교사가 계획한 신체활동의 효과를 측정하는 것으로 신체활동을 계획하고 실행하는 전 과정에서 영유아들이 신체발달과 체력, 기본운동기술을 발달하였는가를 알아보는 것이다. 이를 위해서 수업을 진행하는 동안 영유아의 신체활동 과정을 관찰하고 자신의 교수법이 적절한지 평가한다. 그리고 평가한 내용을 바탕으로 수업 진행방법을 개선하고 평가내용을 다음 수업활동을 계획할 때에 반영한다.

본 장에서는 영유아 신체활동 평가를 영유아에 대한 평가와 교사 평가로 구분하여 구체적인 내용과 실시방법을 살펴보기로 한다.

1. 영유아에 대한 평가

영유아에 대한 신체활동 평가는 활동 전과 후에 함께 평가함으로써 영유의 발달과정과 진보를 파악할 수 있다. 사전 평가는 영유아의 발달적·개인적 차이를 알 수 있는 지침을 제공하고, 사후 평가는 영유아의 기본운동기술과 체력 등의 발달적 변화와 성숙을 파악할 수 있다. 대표적인 영유아에 대한 신체활동 평가로 기본운동기술에 대한 평가와 체력 평가를 들 수 있다.

1) 기본운동기술 평가

기본운동기술 평가는 신체활동을 실시하기 전과 후의 발달 차이를 알 수 있는 지침으로 제공하며 이러한 정보를 토대로 신체활동을 계획할 수 있다.

표 7-1 기본운동기술 평가지

1. 한 발 뛰기	2. 무릎 들며 뛰기	3. 말 뛰기
① 전혀 뛰지 못한다. ② 2~3회 뛰거나 미숙하다. ③ 5~6회 이상 겨우 뛴다. ④ 12회 정도 뛰나 불균형하다. ⑤ 12회 이상 뛰나 불균형하다. ⑥ 12회 이상 능숙하게 뛴다.	① 미숙한 다른 동작을 한다. ② 미숙한 동작을 흉내 낸다. ③ 미숙하며 불완전하게 한다. ④ 형태는 있으나 약간 미숙하다. ⑤ 완전하고 리듬 있게 한다. ⑥ 탄력 있고 속도 있게 한다.	① 미숙하여 다른 동작을 한다. ② 미숙하여 뛰는 동작을 한다. ③ 한 쪽 다리로만 뛴다. ④ 미숙한 형태로 번갈아 뛴다. ⑤ 전형적 형태로 번갈아 뛴다. ⑥ 탄력 있고 능숙하게 뛴다.
4. 뛰어내리기	**5. 뛰어 넘기**	**6. 공 던지기**
① 1단(40cm)을 무서움과 망설임으로 뛰지 못한다. ② 1단 뛰기가 미숙하고 착지가 불안하다. ③ 1단 안정되게 뛰나 2단 뛸 때 엉덩이가 땅에 닿아 착지가 전혀 안된다. ④ 2단 뛰기에서 손 짚고 착지하며 불안하다. ⑤ 자신은 있지만 착지가 불안하다. ⑥ 자신 있고 안정된 착지를 한다.	① 1단(20cm)을 뛰어 넘지 못한다. ② 1단을 한 발 먼저 넘거나 미숙하다. ③ 1단을 완전한 기술로 넘는다. ④ 2단(30cm)을 겨우 넘는다. ⑤ 자신은 있지만 착지가 불안하다. ⑥ 자신 있고 안정된 착지를 한다.	① 던진 공이 힘이 없어 바로 앞에 떨어진다. ② 부정확한 흉내를 내며 공을 밀 듯이 던진다. ③ 목표에 가깝지만 부정확하고 공을 밀 듯이 던진다. ④ 비교적 정확하나 팔만 사용하여 던진다. ⑤ 정확하고 속도가 있으나 팔만으로 던진다. ⑥ 어깨와 허리를 사용하여 던진다.
7. 공 받기	**8. 공 튀겨 잡기**	**9. 앞으로 구르기**
① 1m 거리에서 받지 못한다. ② 1m 거리에서 받을 수 있다. ③ 2m 거리에서 받지 못한다. ④ 2m 거리에서 받을 수 있다. ⑤ 3m 거리에서 받지 못한다. ⑥ 3m 거리에서 받을 수 있다.	① 전혀 못 잡는다. ② 겨우 잡을 수 있다. ③ 튕겨 잡으려고 시도만 한다. ④ 겨우 잡을 수 있다. ⑤ 약간 불안해 보이나 잡는다. ⑥ 능숙하게 잡는다.	① 전혀 안 하거나 못한다. ② 머리와 두정부를 대고 옆으로 넘어진다. ③ 머리의 두정부를 대고 미숙하게 비스듬히 구른다. ④ 머리 숙임이 나타나나 비스듬히 구른다. ⑤ 앞으로 구르지만 자세가 불안정하다. ⑥ 능숙하게 앞으로 구른다.

출처 : 이영, 전인옥, 김온기(2004), 유아를 위한 창의적 동작교육. p. 395

표 7-2 기본운동기술 발달 검사지

영역	하위영역	평가관점	검사시기	
			전	후
제자리·안정 운동 기술	한 발로 균형 잡기	10초 동안 오른쪽 발로 균형을 잡을 수 있는가?		
		10초 동안 왼쪽 발로 균형을 잡을 수 있는가?		
		균형을 잡기 위해 팔을 조정하는가(옆/위/아래)?		
		균형을 잡을 때 양팔을 머리 위로 쭉 뻗고 들린 발을 반대 무릎에 대고 설 수 있는가?		
	평균대 걷기	평균대 위에서 발을 10cm 교차하면서 걸을 수 있는가?		
		시선은 정면을 향하는가?		
		옆으로도 걸을 수 있는가?		
		발끝으로 걸을 수 있는가?		
	굽히기와 펴기	앉은 자세에서 무릎을 펴서 양손을 발 끝에 댈 수 있는가?		
		앉은 자세에서 무릎을 펴서 옆으로 굽히기를 할 수 있는가?		
		무릎을 꿇고 앉아서 허리를 뒤로 굽힐 수 있는가?		
		선 자세로 무릎은 펴고 허리를 뒤로 굽힐 수 있는가?		
이동 운동 기술	달리기	달릴 때 무릎을 충분히 드는가?		
		달릴 때 머리를 꼿꼿하게 유지하고 시선은 정면을 향하는가?		
		발의 앞이 알맞은 곳에 닿는가?		
		팔은 다리와 반대되게 움직이고 앞 방향으로 더 움직이는가?		
	건너뛰기	제자리에서 줄(높이 40cm)에 닿지 않고 오른쪽 발로 건너뛸 수 있는가?		
		제자리에서 줄을 닿지 않고 왼쪽 발로 건너뛸 수 있는가?		
		달리다가 줄에 닿지 않고 뛰어 넘을 수 있는가?		
		팔과 다리를 반대로 사용하는가?		
	높이뛰기	다리를 굽힐 때 팔을 뒤로 흔들고 다리를 펼 때 앞으로 흔들 수 있는가?		
		점프를 할 때 두 발과 두 팔을 모두 균형있게 사용하는가?		
		양발을 동시에 사용해서 이륙하고 착륙하는가?		
		뛸 때 들고 있는 다리의 각도가 비슷하게 유지되는가?		

영역	하위영역	평가관점	검사시기	
			전	후
이동 운동 기술	앙감질하기 (홉핑)	오른쪽 발로 5m 거리를 앙감질할 수 있는가?		
		왼쪽 발로 5m 거리를 앙감질할 수 있는가?		
		발 끝을 사용하면서 앙감질할 수 있는가?		
		뛸 때 들고 있는 다리의 각도가 비슷하게 유지되는가?		
조작적 운동기술	공 다루기	짝과 함께 공을 위로도 주고받을 수 있는가?(높게)		
		공을 주고받을 수 있는가?(중간 높이)		
		짝과 함께 공 차기를 할 수 있는가?		
		구르는 공이 정지될 때까지 계속 접촉하는가?		

출처 : 황순각(2003). 유아 신체활동 : 이론과 실제. p. 85

2) 기초체력 평가

기초체력 평가는 영유아가 얼마나 건강한지를 가늠해 볼 수 있고, 개별 운동능력을 분석할 수 있다. 기초체력 평가는 체력 요소를 기초로 하여 다음과 같은 다양한 방법으로 평가할 수 있다(교육인적자원부, 2006).

- 근력 및 근지구력 : 팔굽혀 펴기, 윗몸 일으키기, 오래 매달리기, 턱걸이
- 심폐지구력 : 오래 달리기, 의자 오르내리기
- 순발력 : 제자리 높이뛰기, 제자리 멀리뛰기, 공 던지기
- 민첩성 : 왕복 달리기, 지그재그 달리기
- 평형성 : 눈 감고 한 발 서기, 앞뒤로 구르기

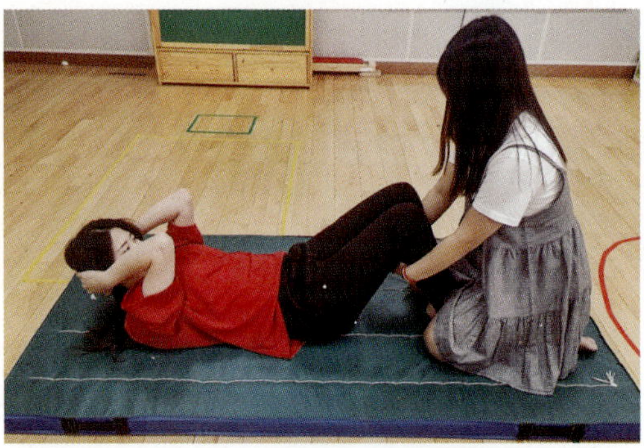

그림 7-1 **윗몸 일으키기(근력)**

(1) 근력 - 윗몸 일으키기

① 두 다리를 펴고 두 손을 목 뒤로 끼워 잡고 똑바로 누운 자세를 취한다.

② 보조자는 무릎을 세워주고 두 발목을 가볍게 누른다.

③ 시작 구령에 맞춰 상체를 일으켜 양쪽 팔꿈치를 두 무릎에 정확하게 닿게 한 다음 누운 자세로 돌아간다.

④ 일정 시간 동안 복근만 사용해서 일어나 앉기를 하게 하여 그 횟수를 기록한다.

(2) 유연성-앉아서 윗몸 굽히기

① 블록 앞에 두 발을 대고 손끝을 뻗는다.

② 손끝이 닿은 블록의 윗면 길이를 잰다.

③ 2회 실시하여 더 나은 점수를 반영한다.

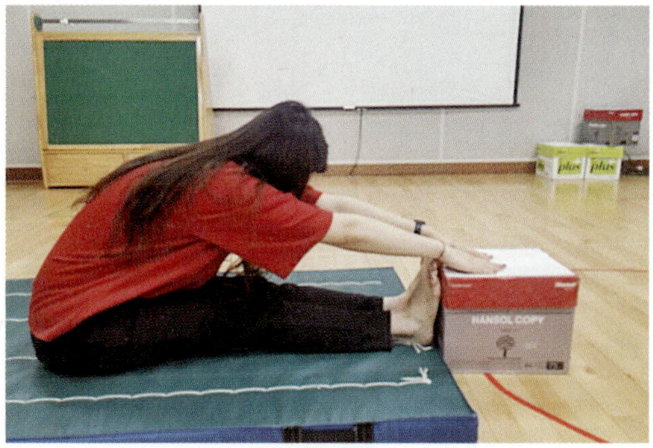

그림 7-2 **앉아서 윗몸 굽히기(유연성)**

(3) 순발력-제자리 멀리뛰기

① 구름판 끝을 밟지 않으면서 구름판 위에 양발을 가지런하게 모아 세운다.

② 팔의 진동, 무릎의 탄력을 충분히 이용하여 되도록 멀리 뛰는데 착지 지점에는 매트를 이용한다.

③ 구름판 위에서 착지 후의 발꿈치까지의 수직 거리를 0.1cm까지 측정한다.

④ 2회 실시하여 더 나은 점수를 반영한다.

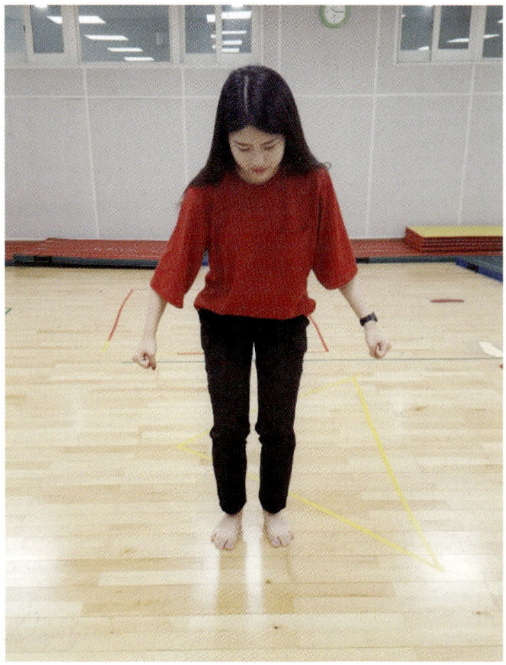

그림 7-3 **제자리 멀리뛰기(순발력)**

(4) 민첩성-왕복 달리기

① 출발점 선을 향하여 일렬 종대로 세우고 두 명씩 출발시킨다.

② 5m를 뛰어가서 반환점에 잇는 블록을 출발선으로 옮겨놓고 빨리 달려서 다시 한 번 옮겨 놓는다.

③ 다시 5m를 뛰어 돌아온다.

④ 소요시간을 단위 0.1초까지 측정한다.

그림 7-4 **왕복 달리기(민첩력)**

그림 7-5 **V자 앉기(지구력)**

그림 7-6 **한 발로 중심잡기(평형성)**

(5) 지구력 - V자 앉기

① 두 손을 복부에 얹은 후 앉는다.

② 시작의 구령과 함께 두 발을 40° 정도의 V자 모양이 되게 하여 공중에 머물러 있게 한다.

③ 중심을 잃지 않고 오래 앉아 있는 시간을 단위 0.1초까지 측정한다.

④ 발이 땅에 닿거나 몸이 뒤로 넘어가면 종료한다.

(6) 평형성 - 한 발로 중심잡기

① 일정 폭의 테두리 안에서 한 쪽 다리로 서게 하고, 다른 다리는 바닥에서 10cm 정도 떨어지게 한다.

② 공중에 떠 있는 다리가 바닥에 닿거나, 닿은 다리가 테두리 바깥으로 벗어나면 종료한다.

③ 중심을 잡고 있는 시간을 단위 0.1초까지 측정한다.

표 7-3 기초체력 측정 종목별 4등급 구분표

체력 요인	측정 종목	성별	나이	기준표			
				4등급	3등급	2등급	1등급
유연성	앉아서 윗몸 굽히기 (cm)	여	4	4.2	4.2~7.0	7.0~10.0	10.0
			5	5.4	5.4~9.0	9.0~13.0	13.0
		남	4	3.0	3.0~5.0	5.0~8.0	8.0
			5	4.0	4.0~8.0	8.0~12.0	12.0
순발력	제자리 멀리뛰기 (cm)	여	4	69.0 미만	69.0~78.0 미만	78.0~87.0 미만	87.0 이상
			5	80.0	80.0~91.0	91.0~102.2	102.2
		남	4	75.0	75.0~86.0	86.0~98.0	98.0
			5	91.0	91.0~105.0	105.0~118.0	118.0
민첩성	5m 왕복 달리기 (초)	여	4	11.4	11.4~10.5	10.5~10.1	10.1
			5	10.3	10.3~9.8	9.8~9.4	9.4
		남	4	10.9	10.9~10.3	10.3~9.7	9.7
			5	9.8	9.8~9.2	9.2~8.6	8.6
지구력	V 자 앉기 (초)	여	4	12.0	12.0~29.0	29.0~60.0	60.0
			5	23.0	23.0~57.6	57.6~70.0	70.0
		남	4	14.0	14.0~26.5	26.5~53.0	53.0
			5	18.0	18.0~45.0	45.0~60.0	60.0
평형성	한 발로 중심 잡기 (초)	여	4	2.0	2.0~3.0	3.0~6.0	6.0
			5	3.2	3.2~8.3	8.3~24.4	24.4
		남	4	2.7	2.7~3.9	3.9~6.0	6.0
			5	3.8	3.8~9.4	9.4~25.9	25.9

출처: 안을섭(2005), 유아의 체력 평가기준에 관한 연구

2. 교사 평가

교사 평가는 신체활동의 효과를 높이기 위해 자신이 준비하고 실행한 수업이 계획대로 잘 이루어졌는지, 영유아에게 어떤 영향을 주었는지 등을 평가하는 것으로 이러한 평가 결과는 다음 활동에 반영하게 된다. 교사는 신체활동 계획에 따라 교육활동이 실행되었는가를 평가하기 위해 활동계획에 설정하였던 목표를 성취하였는가, 활동 전개과정에서 계획과 다르게 진행된 점은 무엇인가, 그리고 신체활동에 사용한 기구나 자료가 유용하게 활용 되었는가 등을 평가할 수 있다(김성재, 2007).

표 7-4 신체활동 지도 평가표

범주	내용	그렇다	아니다
활동 선정	• 생활 주제와 연계되는가?		
	• 영유아들의 신체발달에 적절한가?		
환 경	• 활동을 할 수 있는 충분한 공간이 확보되어 있는가?		
	• 영유아들의 안전이 고려되는 공간인가?		
매 체	• 활동을 설명하기 위해서 매체(그림, 사진 등)를 사용하는가?		
	• 활동을 위한 기구와 자료가 유용하게 활용되었는가?		
신체활동지도 과정	• 도입을 하는가?		
	• 활동 속에 기본운동기술이 다양하게 포함되었는가?		
	• 시범을 보이는가?		
	• 영유아가 하는 동작 중 틀린 부분을 수정해 주는가?		
	• 개별 또는 소집단으로 나누어 활동을 해보는가?		
	• 전체 집단이 함께 활동을 해보는가?		
	• 방향, 속도, 앞 영유아와의 거리 등에 주의를 두어 영유아의 안전을 고려하는가?		
	• 신체활동에 참여하고 싶어 하지 않는 유아들을 배려하는가?		
마무리	• 신체활동시간에 대한 평가를 하는가?		
	• 신체활동시간이 끝났음을 알리고 다음 활동을 소개하는가?		

표 7-5 신체 게임 지도 평가표

범주	내용	그렇다	아니다
게임 선정	•생활주제와 연계되는가?		
	•유아의 발달에 적절한가?		
	•교육적 가치가 있는가?		
환 경	•게임을 할 수 있는 공간이 충분한가?		
	•게임을 진행하기에 안전한 공간인가?		
매 체	•게임에 필요한 자료가 준비되어 있는가?		
게임지도과정	•게임하기에 적절한 대형으로 앉았는가?		
	•편 게임일 경우 인원 수를 확인하는가?		
	•게임방법을 소개하는가?		
	•게임 규칙을 정하는가?		
	•시범을 보여 주는가?		
	•속도, 규칙 지키기, 관전 태도를 모두 고려하여 결과를 제시하는가?		
	•유아들의 흥미에 따라서 게임을 반복하거나 중단하는가?		
마무리	•유아들과 함께 게임에 대하여 평가하는가?		
	•게임이 끝났음을 알리고 다음 활동을 소개하는가?		

제2부 영유아 신체활동의 실제

활동 2 가족인형 딸랑이

대상연령 만 0세

활동목표 소근육 조절능력을 기르고, 소리, 움직임, 시각적 자료에 호기심을 갖는다.

표준보육과정 관련 요소 신체운동〉 감각과 신체 인식하기〉 감각기관으로 탐색하기

준비물 가족인형 딸랑이와 보관가방

활동방법

① 영아에게 딸랑이를 흔들어 관심을 갖도록 한다.

② 영아들에게 딸랑이 교구를 내어 준다.

③ 영아가 손에 들고 흔들고 잡고 주물러 보면서 자유롭게 탐색해 보도록 한다.

④ 음악을 틀어주고 자유롭게 흔들도록 한다.

⑤ 음률영역에 비치해 자유롭게 탐색하도록 한다.

유의점/참고

사용 후 딸랑이가 더러워지지 않도록 딸랑이 가방에 넣어서 정리한다.

연계/확장방법

영아가 걸어다니는 시기에 보관가방에 딸랑이를 직접 넣고 들고 다니는 활동을 한다. 가방을 들고 걸어다니면 가방 안에서 딸랑이 소리가 난다.

활동 3 개구리 딸랑이

대상연령 만 0세

활동목표 소근육 조절능력을 기르고, 소리, 움직임, 시각적 자료에 호기심을 갖는다.

표준보육과정 관련 요소 신체·운동영역〉 감각과 신체 인식하기〉 감각기관으로 탐색하기

준비물 모두 다른 방울소리가 나는 개구리 딸랑이

활동방법
① 영아에게 딸랑이를 흔들어 관심을 갖도록 한다.
② 영아가 손에 들고 흔들고 잡고 주물러 보면서 자유롭게 탐색해 보도록 한다.
③ 다른 소리가 나는 딸랑이를 양손에 쥐고 흔들어서 두 가지 소리의 차이를 경험한다.
④ 음악을 틀어주고 자유롭게 흔들도록 한다.
⑤ 음률영역에 비치해 자유롭게 탐색하도록 한다.

유의점/참고

딸랑이를 깨끗하게 보관할 수 있는 상자를 준비한다.

활동 4 동물 입을 만져 보아요

대상연령 만 1세

활동목표 여러 가지 다른 촉감의 차이를 경험한다.

표준보육과정 관련 요소 신체·운동영역〉감각과 신체 인식하기〉감각기관으로 탐색하기

준비물 촉감놀이판

활동방법
① 영아에게 촉감놀이판을 내어 준다.
② 여러 동물의 촉감판을 한 가지씩 만져 본다.
③ 자유롭게 촉감놀이판을 만져 본다.
④ 양손으로 2개 촉감판을 동시에 만져 차이를 느낀다.

유의점/참고

영아들이 호기심으로 촉감 부분을 떼어 내지 않도록 관리한다.

활동 5 도넛을 만져요

대상연령 만 1세

활동목표 다양한 색깔 감각을 배운다.

표준보육과정 관련 요소 신체·운동영역〉 감각과 신체 인식하기〉 감각기관으로 탐색하기

준비물 여러 가지 색깔 조각이 붙어있는 도넛 인형

활동방법 ① 바구니에 담겨 있는 다양한 도넛들을 하나씩 보여 준다.

② 유아가 도넛 인형을 가지고 놀게 한다.

③ 교사가 도넛 먹는 흉내를 내고 유아가 따라한다.

유의점/참고

영아가 도넛 인형을 입에 대고 먹는 놀이를 하므로 항상 깨끗하게 유지한다.

연계/확장방법

도넛가게 놀이 시 활동자료로 이용한다.

활동 6 초점책

대상연령 만 1세

활동목표 여러 가지 패턴과 그림을 보고 초점을 기른다.

표준보육과정 관련 요소 신체·운동영역〉 감각과 신체 인식하기〉 감각기관으로 탐색하기

준비물 초점책

활동방법
① 흑백카드 1개씩 보고 영아가 초점을 맞춘다.
② 영아가 초점을 맞추면, 보상으로 딸랑 소리를 들려 준다.
③ 색깔 모양 카드를 보고 영아가 초점을 맞춘다.
④ 영아가 초점을 맞추면, 보상으로 딸랑 소리를 들려 준다.

활동 7 느낌이 어떤지 만져 보아요

대상연령 만 1세

활동목표 여러 가지 다른 촉감을 경험한다.

표준보육과정 관련 요소 신체운동〉 감각과 신체 인식하기〉 감각적 자극에 반응하기

준비물 촉감그림판

활동방법 ① 촉감그림판의 촉감 물건들을 살펴본다.

② 영아가 촉감물건들을 만져보고 느껴본다.

③ 영아가 동시에 2개의 촉감 물건을 만져서 촉감의 차이를 경험한다.

④ 교사가 촉감그림판의 여러 가지 그림을 이야기로 꾸며서 들려 준다.

활동 8 감각 주사위 놀이

대상연령 만1세

활동목표 여러 가지 감각을 이용해 사물을 탐색한다.

만져보고 느낌을 표현할 수 있다.

표준보육과정 관련 요소 신체운동영역〉 감각과 신체 인식하기〉 감각기관으로 탐색하기

준비물 육면에 다른 촉감헝겊을 붙인 촉감주사위

활동방법 ① 영아에게 촉감주사위의 육면을 차례로 보여 주며 탐색하게 한다.

② 촉감주사위의 육면을 만져 보면서 다양한 느낌을 경험한다.

③ 영아가 촉감주사위에서 느낀 바를 표현해 본다.

2. 영아의 대·소근육 탐색활동

활동 1 몸을 쭉쭉 펴기 아기 마사지

대상연령 만 0세

활동목표 대근육발달을 돕는다.

표준보육과정 관련 요소 신체운동영역〉 신체 조절과 기본운동하기〉 대근육 조절하기

준비물 얇은 타월이불, 아기 마사지 오일

활동방법 ① 영아를 씻긴 후에 얇은 타월이불 위에 눕힌다.

② 영아의 두 팔을 쭉쭉 당겨서 마사지한다.

③ 영아의 두 발도 쭉쭉 당겨서 마사지한다.

④ 영아의 배 부분을 위에서 아래로 손으로 마사지한다.

⑤ 영아의 등 뒤로 두 손을 넣고 위에서 아래로 마사지한다.

⑥ 마사지 오일을 바르고 아기 마사지를 반복한다.

⑦ 아기 마사지가 끝나면 오일을 깨끗이 씻어 준다.

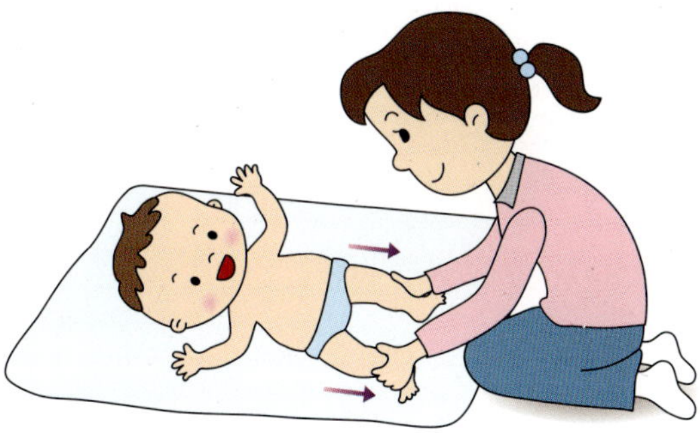

활동 2 몸을 살살 흔들기 아기 마사지

대상연령 만 0세

활동목표 대근육발달을 돕는다.

표준보육과정 관련 요소 신체운동영역〉 신체 조절과 기본운동하기〉 대근육 조절하기

준비물 얇은 타월이불, 아기 마사지 오일

활동방법
① 영아를 씻긴 후에 얇은 타월이불 위에 눕힌다.
② 영아의 두 팔을 살살 흔들어서 마사지한다.
③ 영아의 두 발도 살살 흔들어서 마사지한다.
④ 영아의 배 부분을 살살 흔들어 손으로 마사지한다.
⑤ 영아의 몸을 살짝 들어서 등 부분을 살살 흔들어 마사지한다.
⑥ 마사지 오일을 바르고 아기 마사지를 반복한다.
⑦ 아기 마사지가 끝나면 오일을 깨끗이 씻어 준다.

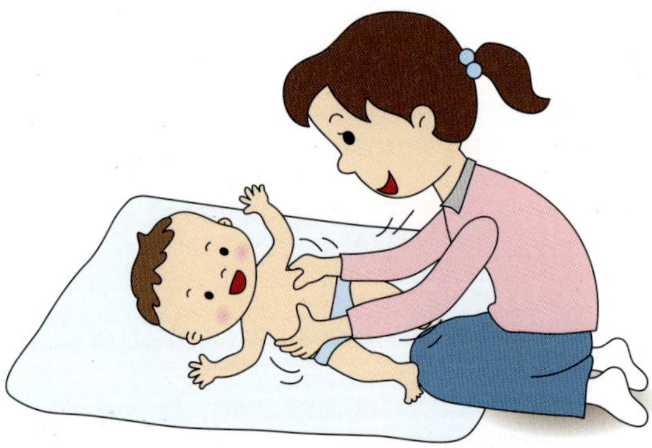

활동 3 헝겊공 놀이

대상연령 만 0세

활동목표 대근육발달을 돕는다.

표준보육과정 관련 요소 신체운동영역〉 신체 조절과 기본운동하기〉 대근육 조절하기

활동자료 헝겊공

활동방법 ① 영아가 기어다닐 때 헝겊공을 내어 준다.

② 영아가 헝겊공을 가지고 놀며 탐색한다.

③ 헝겊공을 굴려 주어 영아가 기어다니며 찾게 한다.

④ 반복하여 공을 굴려서 영아가 찾게 한다. 처음에는 가까운 곳으로 굴리고, 점차 먼 곳으로 굴린다.

⑤ 보이지 않는 곳으로 헝겊공을 굴려서 영아가 찾게 한다.

유의점/참고

헝겊공에서 작은 방울 소리가 나면 더욱 흥미를 끌 수 있다.

연계/확장방법

헝겊공의 수를 2개 3개로 늘려서 영아의 운동활동을 증가시킨다.

활동 4 꽃고리 탑쌓기

대상연령 만 0세

활동목표 소근육발달을 돕는다.

표준보육과정 관련 요소 신체운동영역〉 신체 조절과 기본운동하기〉 소근육 조절하기

준비물 탑쌓기 판, 꽃모양 고리

활동방법 ① 영아가 고리 끼우기 판과 꽃고리를 가지고 놀게 한다.

② 꽃고리가 끼워져 있는 끼우기 판에서 영아가 꽃고리를 하나씩 뺀다.

③ 영아가 끼우기 판에 꽃고리를 하나씩 끼운다.

유의점/참고

꽃고리에서 작은 방울 소리가 나면 더욱 흥미를 끌 수 있다.

연계/확장방법

꽃고리에 익숙해지면, 다른 모양의 고리를 끼우기 판에 끼우는 활동을 할 수 있게 다양한 고리를 준비한다.

활동 5 커다란 장난감 자동차 밀고 다니기

대상연령 만 1세

활동목표 대근육발달을 돕는다.

표준보육과정 관련 요소 신체운동영역〉 신체 조절과 기본운동하기〉 대근육 조절하기

준비물 밀고 다닐 수 있는 커다란 장난감 자동차

활동방법
① 밀고 다닐 수 있는 커다란 장난감 자동차 앞쪽으로 영아가 끌고 다닐 수 있도록 끈을 설치한다.
② 영아가 커다란 장난감 자동차를 마음대로 밀고 다닌다.
③ 처음에는 빈 장난감 자동차를 밀고다니다가, 인형을 태우고 밀고 다닌다.
④ 장난감 자동차에 친구를 태우고 밀어 본다.

유의점/참고

장난감 자동차가 다닐 수 있는 길을 바닥에 표시해 준다.

활동 6 토끼고리 끼우기

대상연령 만 1세

활동목표 눈과 손을 협응하여 여러 가지 고리를 끼울 수 있다.

표준보육과정 관련 요소 신체운동영역〉 신체 조절과 기본운동하기〉 소근육 조절하기

준비물 토끼 끼우기 고리, 끼우기 판

활동방법
① 영아가 끼우기 판과 토끼 끼우기 고리를 가지고 놀게 한다.
② 고리가 끼워져 있는 끼우기 판에서 영아가 토끼 끼우기 고리를 하나씩 뺀다.
③ 영아가 끼우기 판에 토끼 끼우기 고리를 하나씩 끼운다. 토끼 다리가 앞에 오도록 끼운다.
④ 마지막에 토끼 인형을 끼운다.

연계/확장방법

토끼고리에 익숙해지면 다른 모양의 고리를 끼우기 판에 끼우는 활동을 할 수 있게 다양한 고리를 준비한다.

활동 7 나무판에 촉감고리 끼우기

대상연령 만 1세

활동목표 눈과 손을 협응하여 여러 가지 고리를 끼울 수 있다.
여러 가지 고리를 목표지점에 끼워 넣으며 만족감과 성취감을 느낀다.

표준보육과정 관련 요소 신체운동영역〉 신체 조절과 기본운동하기〉 소근육 조절하기

준비물 촉감고리, 나무 끼우기 판

활동방법 ① 영아가 나무 끼우기 판과 촉감고리를 가지고 놀게 한다.
② 고리마다 다른 촉감을 느낄 수 있도록 촉감을 탐색하게 한다.
③ 고리가 끼워져 있는 나무 끼우기 판에서 영아가 촉감고리를 하나씩 뺀다.
④ 영아가 나무 끼우기 판에 촉감고리를 하나씩 끼운다.

연계/확장방법

촉감고리에 익숙해지면 다른 모양의 고리를 끼우기 판에 끼우는 활동을 할 수 있게 다양한 고리를 준비한다.

활동 8 토끼에게 먹이 주기

대상연령 만 1세

활동목표 눈과 손의 협응력을 기른다.

표준보육과정 관련 요소 신체운동〉 신체 조절과 기본운동하기〉 소근육 조절하기

준비물 토끼상자, 당근인형

활동방법
① 영아와 함께 토끼상자 입에 손가락을 넣어보고 구멍 속을 살펴본다.
② 당근인형을 영아가 만지며 탐색한다.
③ '토끼가 배가 고프대요. 토끼에게 당근을 주자.' 하면서 선생님이 당근 인형을 넣는 시범을 보인다.
④ 영아가 토끼 입에 당근인형을 1개씩 넣는다.

활동 9 헝겊공 볼링

대상연령 만 2세

활동목표 눈과 손의 협응력을 기른다.

표준보육과정 관련 요소 신체운동〉 신체활동에 참여하기〉 기구를 이용하여 신체활동 시도하기

준비물 헝겊공, 헝겊볼링핀

활동방법 ① 영아들이 헝겊볼링공과 헝겊볼링핀을 탐색한다.

② 선생님이 볼링핀 6개를 세워 놓는다.

③ 출발선에서 볼링 핀을 향해 헝겊볼링공을 굴린다.

④ 헝겊볼링공으로 볼링핀을 넘어뜨린다.

⑤ 볼링핀이 모두 쓰러질 때까지 헝겊공을 다시 굴린다.

유의점

헝겊볼링핀을 쉽게 세울 수 있도록 볼링핀을 놓을 곳에 삼각고리를 준비한다.

활동 10 선생님과 잡기 놀이

대상연령 만 2세

활동목표 대근육발달을 돕는다.

표준보육과정 관련 요소 신체운동영역〉 신체활동에 참여하기〉 몸 움직임 즐기기

준비물 없음

활동방법

① 선생님과 같이 잡기놀이를 한다. 선생님이 쫓아가고 영아가 도망간다.

② 선생님은 영아가 도망갈 수 있도록 천천히 쫓아간다. 영아를 잡으면 안아 준다.

③ 익숙해지면 영아가 선생님을 쫓아오고 선생님이 도망간다.

④ 선생님은 영아가 잡을 수 있게 천천히 도망간다. 영아가 선생님을 잡으면, 칭찬하고 안아 준다.

유의점/참고

영아가 도망가기 위해 서두르다가 넘어질 수 있으므로 안전에 주의한다.

연계/확장방법

친구들과 숨바꼭질 놀이를 한다.

활동 11 친구들과 숨바꼭질 놀이

대상연령 만 2세

활동목표 대근육발달을 돕는다.

표준보육과정 관련 요소 신체운동영역〉 신체활동에 참여하기〉 신체활동에 참여하기

준비물 없음

활동방법
① 선생님과 친구들과 숨바꼭질을 하는 방법을 설명한다.
② 선생님이 술래가 된다.
③ 영아들이 숨는다.
④ 선생님이 영아들을 찾으러 다닌다. 영아들이 이리저리 숨을 수 있게 천천히 찾는다.

연계/확장방법

숨바꼭질이 익숙해지면 술래 역할을 영아가 할 수 있도록 기회를 준다.

제9장

유아의 신체활동 실제

1. 기본운동기술 활동

1) 이동 운동기술 활동의 탐색

(1) 달리기의 변화요소 탐색하기

활동 1 몸을 무겁고 느리게 달리다가 지그재그로 달리기

대상연령 만 4, 5세

활동목표 힘 : 무겁게 가볍게 달리기

시간 : 빠르게 느리게 달리기

흐름 : 달리다가 멈추고 달리다가 멈추고 달리기

누리과정 관련 요소 신체운동과 건강〉 신체 조절과 기본운동하기〉 기본운동하기〉 신체 조절하기

준비물 탬버린, 신나는 음악

사전준비 바닥에 색 테이프로 출발선 도착선, 대기선을 붙여 놓는다.
도착선은 가까운 곳에 한 줄, 먼 곳에 한 줄로 두 줄을 붙인다.

활동방법

① 오늘의 활동이 달리기임을 알리고, 우리 몸을 이용해서 여러 가지 방법으로 달리기를 할 것이라는 이야기를 한다.

② 지난 시간에는 어떤 활동을 했는지 유아들과 이야기를 나누어 보고 유아들에게 나온 이야기를 중심으로 지난 시간에 했던 활동 2~3가지를 함께 해본다.

③ 새로운 활동 달리기를 여러 가지 방법으로 실시한다.
새로운 달리기방법을 소개할 때, 처음에는 선생님이 직접 시연한다.
달리기는 1명씩 차례로 하고 나머지 유아들은 친구의 달리기를 관찰한다.

- 새가 되어서 공중에 붕붕 떠있는 것처럼 생각하고 가볍게 달리기를 해보자.
- 힘차게 커다란 공룡처럼 쿵쿵하고 시끄럽게 달려 보자.
- 두 팔을 양옆에 꼭 붙이고 달려 보자.
- 두 팔을 힘차게 흔들면서 달려 보자.
- 아기공룡처럼 느린 동작으로 달려 보자.
- 달리다가 멈추고 다시 달리다가 지그재그로 다시 달려 보자.
- 몸을 무겁고 느리게 달리다가 지그재그로 다시 달려 보자.

두 팔을 양 옆에 붙이고 달리기

두 팔을 힘차게 흔들며 달리기

지그재그로 달리기

④ 달리기 연습이 끝나면 신나는 음악에 따라 반복하여 달려본다.

유아들에게 자신이 달리고 싶은 방법을 물어보고, 자신이 원하는 방법으로 달려본다.

- 이제는 OO가 달리고 싶은 대로 달려볼 거야. 어떻게 달리고 싶니?
- OO는 두 팔은 흔들면서 타조처럼 달리고 싶구나.

활동 마무리

오늘 활동 중에 재미있었던 활동이 무엇이었는지, 다시 해보고 싶은 활동은 무엇인지, 힘든 점은 없었는지에 대해 평가한다.

연계/확장방법

① 무거운 짐을 등에 지고 있다고 생각하고 달려 보자.

② 자기 발 끝을 찾아보자. 발 끝으로 가볍게 달려 보자.

활동 2 몸을 낮게 하고 앞쪽으로 가까운 도착선으로 달리기

대상연령 만 4, 5세

활동목표 수준 : 몸을 높게 하고, 몸을 낮게 하고 달리기

방향 : 앞으로, 뒤로, 대각선으로 달리기

범위 : 좁은 공간, 넓은 공간에서 달리기

누리과정 관련 요소 신체운동과 건강〉신체 조절과 기본운동하기〉기본운동하기

〉신체 조절하기

준비물 탬버린, 신나는 음악

사전준비 바닥에 색 테이프로 출발선 도착선, 대기선을 붙여 놓는다.

도착선은 가까운 곳에 한 줄, 먼 곳에 한 줄로 두 줄을 붙인다.

활동방법

① 오늘의 활동이 달리기임을 알리고, 우리 몸을 이용해서 여러 가지 방법으로 달리기를 할 것이라는 이야기를 한다.

② 지난 시간에는 어떤 활동을 했는지 유아들과 이야기를 나누어 보고 유아들에게 나온 이야기를 중심으로 지난 시간에 했던 활동 2~3가지를 함께 해본다.

③ 새로운 활동 달리기를 여러 가지 방법으로 실시한다.

달리기는 1명씩 차례로 하고 나머지 유아들은 친구의 달리기를 관찰한다.

- 키가 큰 나무처럼 몸을 높이 해서 달리기해 보자.
- 키 작은 나무처럼 몸을 낮게 해서 달리기해 보자.
- (대각선에 대해 이야기를 나눈 후) 대각선 방향으로 달리기 해보자.
- 뒤로 달리기를 해보자. 발이 엉키지 않도록 조심해서 천천히 해보자.
- 두 다리를 가능한 한 옆으로 넓게 벌리고서 달리기해 보자.
- 앞으로 발걸음 폭을 넓혀서 껑충껑충 달리기해 보자.
- 몸을 낮게 하고 뒤쪽으로 가까운 도착선으로 달려 보자.

④ 달리기 연습이 끝나면 신나는 음악에 따라 반복하여 달려 본다.

유아들에게 자신이 달리고 싶은 방법을 물어 보고, 자신이 원하는 방법으로 달려 본다.

- 이제는 OO가 달리고 싶은 대로 달려볼 거야. 어떻게 달리고 싶니?
- OO는 몸을 높게 해서 사슴처럼 달리다가 몸을 낮게 해서 생쥐처럼 달리고 싶구나.

활동 마무리

오늘 활동 중에 재미있었던 활동이 무엇이었는지, 다시 해보고 싶은 활동은 무엇인지, 힘든 점은 없었는지에 대해 평가한다.

연계/확장방법

① 높은 고무줄을 통과하고, 낮은 고무줄을 통과해서 달려 보자.

② 축구선수처럼 앞으로, 옆으로, 대각선 방향으로, 뒤로 달려 보자.

몸을 높게 하여 달리기

몸을 낮게 하여 달리기

뒤로 달리기

활동 3 한 손에 신문지막대를 들고 달리기, 친구와 손 잡고 달리기

대상연령 만 4, 5세

활동목표 사물과의 관계 : 물건을 들고 달리기
사람과의 관계 : 친구와 함께 달리기
관계의 혼합 : 물건을 들고 친구와 함께 달리기

누리과정 관련 요소 신체운동과 건강〉 신체 조절과 기본운동하기〉 기본운동하기
〉신체 조절하기

준비물 탬버린, 신문지막대, 작은 공, 신나는 음악

사전준비 바닥에 색 테이프로 출발선 도착선, 대기선을 붙여 놓는다.
도착선은 가까운 곳에 한 줄, 먼 곳에 한 줄로 두 줄을 붙인다.

활동방법

① 오늘의 활동이 달리기임을 알리고, 우리 몸을 이용해서 여러 가지 방법으로 달리기를 할 것이라는 이야기를 한다.

② 지난 시간에는 어떤 활동을 했는지 유아들과 이야기를 나누어 보고 유아들에게 나온 이야기를 중심으로 지난 시간에 했던 활동 2~3가지를 함께 해본다.

③ 새로운 활동 달리기를 여러 가지 방법으로 실시한다.

④ 유아들이 신문지막대를 하나씩 가져와서 무릎 위에 올려 놓는다.
갖고 있는 막대를 들고 달리려면 어떻게 하면 될지 생각해 보게 한다.
- 막대을 한 손으로 들고 도착선까지 달리기해 보자.
- 한 손에 막대를 들고, 다른 한 손은 친구와 손 잡고 달리기해 보자.

⑤ 유아들이 작은 공 하나씩 가져와서 무릎 위에 올려 놓는다.
갖고 있는 작은 공을 들고 달리려면 어떻게 하면 될지 생각해 보게 한다.
- 공을 한 손에 들고 도착선까지 달리기해 보자.
- 공 2개를 양손에 들고 도착선까지 달리기해 보자.
- 친구와 손 잡고 달리기해 보자.

활동 마무리

오늘 활동 중에 재미있었던 활동이 무엇이었는지, 다시 해보고 싶은 활동은 무엇인지, 힘든 점은 없었는지에 대해 평가한다.

연계/확장방법

① 가벼운 배낭을 매고 달려 보자. 배낭에 무거운 물건을 넣고 달려 보자.

② 친구 3명이 손 잡고 달려 보자.

신문지막대 들고 달리기

친구와 손 잡고 달리기

(2) 앙감질하기(홉핑)의 변화요소 탐색하기

활동 4 몸을 무겁고 느리게 앙감질하다 멈추고 다시 앙감질하기

대상연령 만 4, 5세

활동목표 힘 : 무겁게 가볍게 앙감질하기
시간 : 빠르게 느리게 앙감질하기
흐름 : 달리다가 멈추고 달리다가 멈추고 앙감질하기

누리과정 관련 요소 신체운동과 건강〉 신체 조절과 기본운동하기〉 기본운동하기
〉 신체 조절하기

준비물 탬버린, 신나는 음악

사전준비 바닥에 색 테이프로 출발선 도착선, 대기선을 붙여 놓는다.
도착선은 가까운 곳에 한 줄, 먼 곳에 한 줄로 두 줄을 붙인다.

활동방법

① 오늘의 활동이 앙감질하기임을 알리고, 우리 몸을 이용해서 여러 가지 방법으로 앙감질을 할 것이라는 이야기를 한다.

② 지난 시간에는 어떤 활동을 했는지 유아들과 이야기를 나누어 보고 유아들에게 나온 이야기를 중심으로 지난 시간에 했던 활동 2~3가지를 함께 해본다.

③ 새로운 활동인 앙감질하기를 여러 가지 방법으로 실시한다.
새로운 앙감질의 여러 가지 운동 시범을 처음에 선생님이 직접 시연한다.
앙감질은 1명씩 차례로 하고 나머지 유아들은 친구의 앙감질을 관찰한다.

- 풍선을 잡고 공중에 붕붕 떠 있는 것처럼 생각하고 가볍게 앙감질을 해보자.
- 힘차게 커다란 곰처럼 쿵쿵하고 시끄럽게 앙감질해 보자.
- 두 팔을 양 옆에 꼭 붙이고 앙감질해 보자.
- 두 팔을 힘차게 흔들면서 앙감질해 보자.
- 아기곰처럼 느린 동작으로 앙감질해 보자.
- 달리다가 멈추고 다시 달리다가 멈추고 다시 앙감질해 보자.
- 몸을 무겁고 느리게 달리다가 멈추고 다시 앙감질해 보자.

④ 앙감질 연습이 끝나면 신나는 음악에 따라 반복하여 앙감질해 본다.

유아들에게 자신이 앙감질하고 싶은 방법을 물어보고, 자신이 원하는 방법으로 앙감질해 본다.

- 이제는 OO가 앙감질하고 싶은 대로 앙감질해 볼 거야. 어떻게 앙감질하고 싶니?
- OO는 두 팔을 흔들면서 백조처럼 앙감질하고 싶구나.

활동 마무리

오늘 활동 중에 재미있었던 활동이 무엇이었는지, 다시 해보고 싶은 활동은 무엇인지, 힘든 점은 없었는지에 대해 평가한다.

연계/확장방법

손에 무거운 돌을 들고 있다고 생각하고 앙감질해 보자.

가볍게 앙감질하기

무겁게 앙감질하기

활동 5 몸을 높게 하고 앞쪽으로 가까운 도착선으로 앙감질하기

대상연령 만 4, 5세

활동목표 수준 : 몸을 높게 하고, 몸을 낮게 하고 앙감질하기
방향 : 앞으로, 뒤로, 대각선으로 앙감질하기
범위 : 좁은 공간, 넓은 공간에서 앙감질하기

누리과정 관련 요소 신체운동과 건강〉 신체 조절과 기본운동하기〉 기본운동하기
〉 신체 조절하기

준비물 탬버린, 신나는 음악

사전준비 바닥에 색 테이프로 출발선 도착선, 대기선을 붙여 놓는다.
도착선은 가까운 곳에 한 줄, 먼 곳에 한 줄로 두 줄을 붙인다.

활동방법

① 오늘의 활동이 앙감질하기임을 알리고, 우리 몸을 이용해서 여러 가지 방법으로 앙감질을 할 것이라는 이야기를 한다.

② 지난 시간에는 어떤 활동을 했는지 유아들과 이야기를 나누어 보고 유아들에게 나온 이야기를 중심으로 지난 시간에 했던 활동 2~3가지를 함께 해본다.

③ 새로운 활동인 앙감질을 여러 가지 방법으로 실시한다.
앙감질은 1명씩 차례로 하고 나머지 유아들은 친구의 앙감질을 관찰한다.

- 키가 큰 아빠사슴처럼 몸을 높이 해서 앙감질해 보자.
- 키 작은 아기사슴처럼 몸을 낮게 해서 앙감질해 보자.
- 대각선에 대해 이야기를 나눈 후 대각선 방향으로 앙감질해 보자.
- 뒤로 앙감질을 해보자. 발이 엉키지 않도록 조심해서 천천히 해보자.
- 두 다리를 가능한 한 옆으로 넓게 벌리고서 앙감질해 보자.
- 앞으로 발걸음 폭을 넓혀서 껑충껑충 앙감질해 보자.
- 반 바퀴 돌면서 앙감질해 보자.

④ 앙감질 연습이 끝나면 신나는 음악에 따라 반복하여 앙감질해 본다.

유아들에게 자신이 앙감질하고 싶은 방법을 물어보고, 자신이 원하는 방법으로 앙감질해 본다.

- 이제는 OO가 앙감질하고 싶은 대로 앙감질해 볼 거야. 어떻게 앙감질하고 싶니?
- OO는 몸을 높게 해서 키가 큰 아빠얼룩말처럼 앙감질하다가 몸을 낮게 해서 키 작은 아기얼룩말처럼 앙감질하고 싶구나. 이제 앙감질해 보자.

활동 마무리

오늘 활동 중에 재미있었던 활동이 무엇이었는지, 다시 해보고 싶은 활동은 무엇인지, 힘든 점은 없었는지에 대해 평가한다.

연계/확장방법

새처럼 높이 날아가는 듯이 앙감질해 보자.

몸을 높게 하여 앙감질하기

몸을 돌리며 앙감질하기

뒤로 앙감질하기

활동 6 긴 줄 위로 앙감질하기, 친구와 손 잡고 앙감질하기

대상연령 만 4, 5세

활동요소 사물과의 관계 : 물건을 들고 앙감질하기
사람과의 관계 : 친구와 함께 앙감질하기
관계의 혼합 : 물건을 들고 친구와 함께 앙감질하기

누리과정 관련 요소 신체운동과 건강〉 신체 조절과 기본운동하기〉 기본운동하기
〉 신체 조절하기

준비물 탬버린, 공, 긴 줄, 신나는 음악

사전준비 바닥에 색 테이프로 출발선 도착선, 대기선을 붙여 놓는다.
도착선은 가까운 곳에 한 줄, 먼 곳에 한 줄로 두 줄을 붙인다.

활동방법

① 오늘의 활동이 앙감질하기임을 알리고, 우리 몸을 이용해서 여러 가지 방법으로 앙감질을 할 것이라는 이야기를 한다.

② 지난 시간에는 어떤 활동을 했는지 유아들과 이야기를 나누어 보고 유아들에게 나온 이야기를 중심으로 지난 시간에 했던 활동 2~3가지를 함께 해본다.

③ 새로운 활동인 앙감질을 여러 가지 방법으로 실시한다.

④ 유아들이 긴 줄을 따라 앙감질한다.
긴 줄을 밟으며 앙감질한다.

⑤ 2명의 유아가 짝이 된다.
- 제자리에서 2명이 동시에 앙감질해 본다.
- 익숙해지면 2명이 동시에 앙감질하며 앞으로 나아간다.

활동 마무리

오늘 활동 중에 재미있었던 활동이 무엇이었는지, 다시 해보고 싶은 활동은 무엇인지, 힘든 점은 없었는지에 대해 평가한다.

연계/확장방법

자신이 발레리나 또는 발레리노라고 상상하고 앙감질해 보자.

줄 위로 앙감질하기

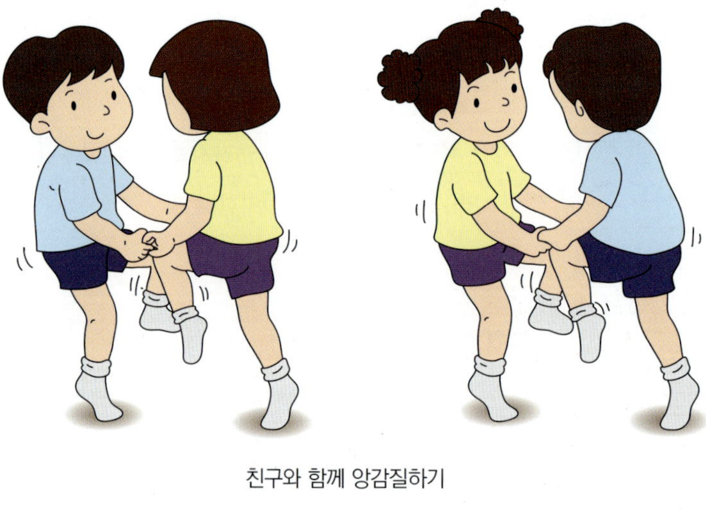

친구와 함께 앙감질하기

2) 유아 제자리·안정 운동기술 활동의 탐색

(1) 제자리에서 천천히 균형 잡기

활동 7 넘어지지 않고 균형 잡기

대상연령 만 4, 5세

활동목표 힘 : 무겁게 가볍게 움직이다가 제자리에서 균형 잡기
시간 : 빠르게 느리게 움직이다가 제자리에서 균형 잡기
흐름 : 움직이다가 멈추고 제자리에서 균형 잡기

누리과정 관련 요소 신체운동과 건강〉 신체 조절과 기본운동하기〉 기본운동하기
〉 신체 조절하기

준비물 탬버린, 낮은 유아용 평균대

사전준비 바닥에 작은 원과 큰 원을 그려 놓는다.

활동방법

① 큰 원에서 몸을 이리저리 움직이다가 양팔을 벌려서 천천히 균형을 잡는다.
② 작은 원에서 몸을 이리저리 움직이다가 양팔을 벌려서 빠르게 균형을 잡는다.
③ 낮은 유아용 평균대 위를 걸어가다가 멈춰서 양팔을 벌려서 천천히 균형을 잡는다.

활동 마무리

오늘 활동 중에 재미있었던 활동이 무엇이었는지, 다시 해보고 싶은 활동은 무엇인지, 힘든 점은 없었는지에 대해 평가한다.

활동 8 다리를 넓게 벌리고 몸을 웅크렸다 펴면서 균형 잡기

대상연령 만 3~5세

활동목표 수준 : 몸을 높게하고, 몸을 낮게하고 움직이다가 제자리에서 균형 잡기
방향 : 몸을 앞으로 오른쪽으로, 왼쪽으로 구부려서 제자리에서 균형 잡기
범위 : 다리를 넓게 벌려서 제자리에서 균형 잡기

누리과정 관련 요소 신체운동과 건강〉 신체 조절과 기본운동하기〉 기본운동하기
〉 신체 조절하기

준비물 탬버린, 낮은 유아용 평균대

사전준비 바닥에 작은 원과 큰 원을 그려 놓는다.

활동방법

① 큰 원에서 몸을 낮게 하고 양팔을 벌려서 천천히 균형을 잡는다.

② 작은 원에서 몸을 앞으로 구부려서 양팔을 벌려서 빠르게 균형을 잡는다.

③ 낮은 유아용 평균대 위를 걸어가다가 몸을 한 바퀴 회전하여 양팔을 벌려서 천천히 균형을 잡는다.

④ 낮은 유아용 평균대 위를 걸어가다가 양팔을 앞으로 하여 천천히 균형을 잡는다.

⑤ 낮은 유아용 평균대 위를 걸어가다가 몸을 웅크렸다 펴면서 천천히 균형을 잡는다.

활동 마무리

오늘 활동 중에 재미있었던 활동이 무엇이었는지, 다시 해보고 싶은 활동은 무엇인지, 힘든 점은 없었는지에 대해 평가한다.

평균대에서 몸을 웅크렸다 펴면서 균형 잡기

활동 9 친구와 손 잡고 평균대 옆으로 걷기

대상연령 만 4, 5세

활동목표 사물과의 관계 : 물건을 들고 제자리에서 균형 잡기
사람과의 관계 : 친구와 함께 등을 대고 제자리에서 균형 잡기
관계의 혼합 : 물건을 들고 친구와 함께 등을 대고 제자리에서 균형 잡기

누리과정 관련 요소 신체운동과 건강〉신체 조절과 기본운동하기〉기본운동하기
〉신체 조절하기

준비물 탬버린, 낮은 유아용 평균대, 팥주머니

사전준비 바닥에 작은 원과 큰 원을 그려 놓는다.

활동방법

① 양손에 팥주머니를 1개씩 들고 양팔을 벌려서 천천히 균형을 잡는다.

② 양손에 팥주머니를 1개씩 들고 무릎을 구부리고 양팔을 벌려서 천천히 균형을 잡는다.

③ 양손으로 후프를 들고 양팔을 벌려서 천천히 균형을 잡는다.

④ 양손으로 후프를 들고 무릎을 구부리고 양팔을 벌려서 천천히 균형을 잡는다.

⑤ 낮은 유아용 평균대 위에서 양손에 작은 공을 들고 걸어가다가, 양팔을 벌려서 천천히 균형을 잡는다.

작은 공 양손에 들고 평균대 위에서 균형 잡기

⑥ 낮은 유아용 평균대 위에서 친구와 손 잡고 옆으로 걷는다.

활동 마무리

오늘 활동 중에 재미있었던 활동이 무엇이었는지, 다시 해보고 싶은 활동은 무엇인지, 힘든 점은 없었는지에 대해 평가한다.

친구와 손 잡고 평균대 위 걷기

3) 조작적 운동기술 활동의 탐색

(1) 잡기의 변화요소 탐색하기

활동 10 몸을 가볍게 빠르게 움직이며 공 잡기

대상연령 만 4, 5세

활동목표 힘 : 무겁게 가볍게 공 잡기

시간 : 빠르게 느리게 공 잡기

흐름 : 움직이다가 공 잡기, 제자리에 서있다가 공 잡기

누리과정 관련 요소 신체운동과 건강〉 신체 조절하기과 기본운동하기〉 기본운동하기

〉 신체 조절하기

준비물 탬버린, 공

사전준비 바닥에 색 테이프로 출발선 도착선, 대기선을 붙여 놓는다.

도착선은 가까운 곳에 한 줄, 먼 곳에 한 줄로 두 줄을 붙인다.

활동방법

① 오늘의 활동이 공 잡기임을 알리고, 우리 몸을 이용해서 여러 가지 방법으로 공 잡기를 할 것이라는 이야기를 한다.

② 지난 시간에는 어떤 활동을 했는지 유아들과 이야기를 나누어 보고 유아들에게 나온 이야기를 중심으로 지난 시간에 했던 활동 2~3가지를 함께 해본다.

③ 새로운 활동 공 잡기를 여러 가지 방법으로 실시한다.

공 잡기는 1명씩 차례로 하고 나머지 유아들은 친구의 공 잡기를 관찰한다.

- 새가 되어서 공중에 붕붕 떠 있는 것처럼 생각하고 가볍게 공 잡기를 해보자.
- 힘차게 커다란 공룡처럼 쿵쿵 걸어다니며 시끄럽게 공 잡기하자.
- 두 팔을 양 옆에 꼭 붙이고 있다가 공 잡기하자.
- 두 팔을 힘차게 흔들고 있다가 공 잡기하자.
- 아기 공룡처럼 느린 동작으로 공 잡기하자.

④ 공 잡기 연습이 끝나면 신나는 음악에 따라 반복하여 공 잡기한다.

활동 마무리

오늘 활동 중에 재미있었던 활동이 무엇이었는지, 다시 해보고 싶은 활동은 무엇인지, 힘든 점은 없었는지에 대해 평가한다.

부드럽게 공 잡기

빠르게 공 잡기

활동 11 몸을 낮게 하고 앞쪽으로 공 잡기

대상연령 만 4, 5세

활동목표 수준 : 몸을 높게 하고, 몸을 낮게 하고 공 잡기

방향 : 앞으로, 뒤로, 대각선으로 공 잡기

범위 : 좁은 공간, 넓은 공간에서 공 잡기

누리과정 관련 요소 신체운동과 건강〉 신체 조절하기과 기본운동하기〉 기본운동하기

〉 신체 조절하기

준비물 탬버린, 공

사전준비 바닥에 색 테이프로 출발선 도착선, 대기선을 붙여 놓는다.

도착선은 가까운 곳에 한 줄, 먼 곳에 한 줄로 두 줄을 붙인다.

활동방법

① 오늘의 활동이 공 잡기임을 알리고, 우리 몸을 이용해서 여러 가지 방법으로 공 잡기를 할 것이라는 이야기를 한다.

② 지난 시간에는 어떤 활동을 했는지 유아들과 이야기를 나누어 보고 유아들에게 나온 이야기를 중심으로 지난 시간에 했던 활동 2~3가지를 함께 해본다.

③ 새로운 활동 공 잡기를 여러 가지 방법으로 실시한다.

공 잡기는 1명씩 차례로 하고 나머지 유아들은 친구의 공 잡기를 관찰한다.

- 키가 큰 나무처럼 몸을 높이 해서 공 잡기해 보자.
- 키 작은 나무처럼 몸을 낮게 해서 공 잡기해 보자.
- 두 다리를 가능한 한 옆으로 넓게 벌리고서 공 잡기해 보자.
- 앉아서 공 잡기해 보자.
- 가까운 곳에서 친구와 공 잡기해 보자.
- 먼 곳에서 친구와 공 잡기해 보자.

활동 마무리

오늘 활동 중에 재미있었던 활동이 무엇이었는지, 다시 해보고 싶은 활동은 무엇인지, 힘든 점은 없었는지에 대해 평가한다.

몸을 낮게 하여 공 잡기

가까운 곳에서 공 잡기

활동 12 장애물 피하여 공 잡기, 친구와 한 손 잡고 공 잡기

대상연령 만 4, 5세

활동목표 사물과의 관계 : 장애물 피하여 공 잡기

사람과의 관계 : 친구와 함께 공 잡기

관계의 혼합 : 물건을 들고 친구와 함께 공 잡기

누리과정 관련 요소 신체운동과 건강〉신체 조절하기과 기본운동하기〉기본운동하기

〉신체 조절하기

준비물 탬버린, 공

사전준비 바닥에 색 테이프로 출발선 도착선, 대기선을 붙여 놓는다.

도착선은 가까운 곳에 한 줄, 먼 곳에 한 줄로 두 줄을 붙인다.

활동방법

① 오늘의 활동이 공 잡기임을 알리고, 우리 몸을 이용해서 여러 가지 방법으로 공 잡기를 할 것이라는 이야기를 한다.

② 지난 시간에는 어떤 활동을 했는지 유아들과 이야기를 나누어 보고 유아들에게 나온 이야기를 중심으로 지난 시간에 했던 활동 2~3가지를 함께 해본다.

③ 새로운 활동인 공 잡기를 여러 가지 방법으로 실시한다.

④ 공받는 방향으로 장애물을 1개 놓는다.

- 장애물을 피해서 공 잡기를 해보자.
- 친구와 한 손을 잡고, 나머지 손으로 2명이 함께 공 잡기를 해보자.

친구와 한 손 잡고 공 잡기

활동 마무리

오늘 활동 중에 재미있었던 활동이 무엇이었는지, 다시 해보고 싶은 활동은 무엇인지, 힘든 점은 없었는지에 대해 평가한다.

2. 유아의 기구 이용 신체활동

1) 공을 이용한 활동

활동 1 공을 위로 던지고 받기

대상연령 만 3~5세

활동목표 팔과 손의 힘을 조정하여 공을 던지고 받는다.

누리과정 관련 요소 신체운동과 건강〉 신체활동에 참여하기〉 기구를 이용하여 신체활동하기

준비물 가벼운 공

사전준비 없음

활동방법

① 공을 위로 던졌다가 받게 한다.

② 점차 공을 높게 던지고 받는다.

③ 높게 던진 공을 받기 어려우면 바닥에 1번 튀겨서 받게 한다.

④ 누가 공을 제일 높게 던졌다 받을 수 있는지 비교한다.

활동 마무리

오늘 활동 중에 재미있었던 활동이 무엇이었는지, 다시 해보고 싶은 활동은 무엇인지, 힘든 점은 없었는지에 대해 평가한다.

유의점/참고

위로 높이 던진 공에 유아가 머리를 맞을 수 있으므로 유아들 간의 공간 간격을 넓게 한다.

공 위로 던지고 받기

활동 2 공을 튀기기, 공을 튀겨서 받기

대상연령 만 4, 5세

활동목표 팔과 손의 힘을 조정하여 공을 튀기고 받는다.

누리과정 관련 요소 신체운동과 건강〉 신체활동에 참여하기〉 기구를 이용하여 신체활동하기

준비물 공

사전준비 없음

활동방법

① 공을 각자 바닥에 튀기게 한다.

② 처음에는 튀겨진 공을 두 손으로 잡는다.

③ 점차 익숙해지면, 튀겨진 공을 한 손으로 잡고 다시 튀길 수 있다.

④ 누가 제일 오랫동안 공을 튀길 수 있는지 비교한다.

활동 마무리

오늘 활동 중에 재미있었던 활동이 무엇이었는지, 다시 해보고 싶은 활동은 무엇인지, 힘든 점은 없었는지에 대해 평가한다.

공 튀기고 한 손으로 받기

활동 3 숫자만큼 공을 바닥에 튀겨서 받기

대상연령 만 4, 5세

활동목표 팔과 손의 힘을 조정하여 공을 튀기고 받는다.

누리과정 관련 요소 신체운동과 건강〉 신체활동에 참여하기〉 기구를 이용하여 신체활동하기

준비물 공

사전준비 바닥에 원을 그리고 원 안에 숫자카드를 붙여 놓는다.

활동방법

① 숫자가 그려진 원 주위를 걷거나, 다리다가 선생님의 "멈춤" 신호가 나면 모두 제자리에 멈춘다.

② 모두 자기 앞의 숫자만큼 공을 튀기고 받는다. 공을 차례로 넘기면서 공을 튀기고 받을 때 모두 함께 숫자를 세어 준다.

③ 다시 원 주위를 걷다가 멈추고, 공을 튀기고 받는 활동을 반복한다.

활동 마무리

오늘 활동 중에 재미있었던 활동이 무엇이었는지, 다시 해보고 싶은 활동은 무엇인지, 힘든 점은 없었는지에 대해 평가한다.

숫자만큼 공바닥에 튀겨서 받기

활동 4 숫자만큼 손뼉치고 공 받기

대상연령 만 4, 5세

활동목표 팔과 손의 힘을 조정하여 공을 던지고 받는다.

누리과정 관련 요소 신체운동과 건강〉 신체활동에 참여하기〉 기구를 이용하여 신체활동하기

준비물 공

사전준비 없음

활동방법

① 공을 위로 높이 던져서 받기를 한다.

② 익숙해지면 공을 위로 높이 던진 후 손뼉을 1번 치고 공을 받는다.

③ 점차 손뼉을 2번 치고 공 받기, 손뼉을 3번치고 공 받기 활동으로 바꾼다.

활동 마무리

오늘 활동 중에 재미있었던 활동이 무엇이었는지, 다시 해보고 싶은 활동은 무엇인지, 힘든 점은 없었는지에 대해 평가한다.

손뼉치고 공 받기

활동 5 공 튀기고 한 바퀴 돌아서 공 받기

대상연령 만 4, 5세

활동목표 팔과 손의 힘을 조정하여 공을 튀기고 받는다.

누리과정 관련 요소 신체운동과 건강〉 신체활동에 참여하기〉 기구를 이용하여 신체활동하기

준비물 공

사전준비 없음

활동방법

① 공을 바닥에 튀겨서 받게 한다.

② 점차 공을 세게 튀겨서 받는다.

③ 공을 튀기고 한 바퀴 돌아서 공을 받는다.

④ 공을 튀기고 두 바퀴를 돌아서 공을 받는다.

활동 마무리

오늘 활동 중에 재미있었던 활동이 무엇이었는지, 다시 해보고 싶은 활동은 무엇인지, 힘든 점은 없었는지에 대해 평가한다.

공 튀기고 한 바퀴 돌아서 공 받기

활동 6 원 안에서 공 피하기

대상연령 만 4, 5세

활동목표 팔과 손의 힘을 조정하여 공을 던지고, 몸을 민첩하게 움직여 공을 피한다.

누리과정 관련 요소 신체운동과 건강〉 신체활동에 참여하기〉 기구를 이용하여 신체활동하기

준비물 공

사전준비 바닥에 2개의 원을 그린다.

활동방법

① 한 팀의 유아들이 원 안으로 들어가면, 다른 팀 유아들이 원 밖에 선다.

② 공을 바닥으로 굴려서 원 안에 있는 유아를 맞춘다.

③ 공에 맞은 유아는 원 밖으로 나와 공을 굴린다.

④ 팀끼리 역할을 바꾸어서 다시한다.

활동 마무리

오늘 활동 중에 재미있었던 활동이 무엇이었는지, 다시 해보고 싶은 활동은 무엇인지, 힘든 점은 없었는지에 대해 평가한다.

유의점

① 유아들이 피하기 넉넉하게 원을 넓게 그린다.

② 공을 높이 던지면 위험하므로 공을 꼭 바닥으로 굴리도록 한다.

원 안에서 바닥에서 굴러오는 공 피하기

활동 7 공을 던져서 서로 주고받기

대상연령 만 4, 5세

활동목표 팔과 손의 힘을 조정하여 공을 던지고 받는다.

누리과정 관련 요소 신체운동과 건강〉 신체활동에 참여하기〉 기구를 이용하여 신체활동하기

준비물 공

사전준비 없음

활동방법

① 2명의 유아가 서로 공을 천천히 던지고 받는다.

② 2명의 유아가 서로 공을 빠르게 던지고 받는다.

③ 바닥에 1번 튀겨서 공을 주고 받는다.

④ 바닥에 튀기지 않고 먼 곳에서 서로 공을 던지고 받는다.

활동 마무리

오늘 활동 중에 재미있었던 활동이 무엇이었는지, 다시 해보고 싶은 활동은 무엇인지, 힘든 점은 없었는지에 대해 평가한다.

공을 빠르게 주고받기

활동 8 공을 발로 차서 주고받기

대상연령 만 4, 5세

활동목표 팔과 손의 힘을 조정하여 공을 발로 차고 발로 받는다.

누리과정 관련 요소 신체운동과 건강〉 신체활동에 참여하기〉 기구를 이용하여 신체활동하기

준비물 공

사전준비 없음

활동방법

① 2명의 유아가 짝이 되어 서로 공을 발로 차서 주고받는다.

② 처음에는 살살 차서 공이 빠르지 않도록 한다. 점점 빠르게 공을 주고받는다.

③ 여러 명이 원으로 서서 1개의 공을 서로 발로 차서 주고받을 수 있다.

활동 마무리

오늘 활동 중에 재미있었던 활동이 무엇이었는지, 다시 해보고 싶은 활동은 무엇인지, 힘든 점은 없었는지에 대해 평가한다.

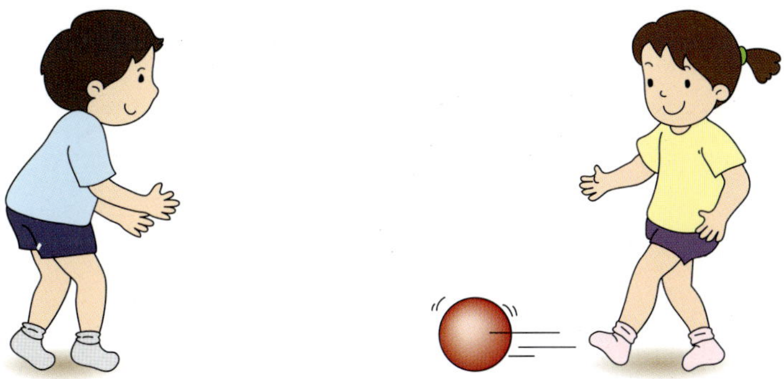

공을 발로 차서 주고받기

활동 9 큰 공을 손으로 굴리기

대상연령 만 4, 5세

활동목표 팔과 손의 힘을 조정하여 공을 원하는 방향으로 굴린다.

누리과정 관련 요소 신체운동과 건강〉 신체활동에 참여하기〉 기구를 이용하여 신체활동하기

준비물 큰 공, 나무국자

사전준비 없음

활동방법

① 유아가 큰 공을 나무국자 2개로 굴려서 출발선에서 도착선까지 가도록 한다.

② 유아가 큰 공을 두 손으로 굴려서 출발선에서 도착선까지 가도록 한다.

③ 익숙해지면 동시에 공 2개를 두 손으로 굴려서 도착선까지 가도록 한다.

④ 나무국자로 공을 미는 것과 손으로 공을 미는 것의 차이를 비교한다.

활동 마무리

오늘 활동 중에 재미있었던 활동이 무엇이었는지, 다시 해보고 싶은 활동은 무엇인지, 힘든 점은 없었는지에 대해 평가한다.

큰 공을 손으로 굴리기

활동 10 의자 밑으로 공 차기

대상연령 만 4, 5세

활동목표 팔과 손의 힘을 조정하여 공을 원하는 방향으로 찬다.

누리과정 관련 요소 신체운동과 건강〉 신체활동에 참여하기〉 기구를 이용하여 신체활동하기

준비물 큰 공, 작은 공, 의자

사전준비 없음

활동방법

① 출발선에서 공을 발로 차서 가까운 곳으로 보낸다.

② 출발선에서 공을 발로 차서 멀리 보낸다.

③ 제자리에서 공을 잘 찰 수 있게 되면, 달려 나오면서 공을 차게 한다.

④ 처음에는 큰 공으로 차고, 익숙해지면 작은 공으로 바꾼다.

⑤ 의자를 도착선에 놓고 의자 밑으로 공을 찬다. 처음에는 의자를 가까운 곳에 두고 의자 밑으로 공을 찬다.

⑥ 익숙해지면 의자를 멀리 옮겨서 의자 밑으로 공을 찬다.

활동 마무리

오늘 활동 중에 재미있었던 활동이 무엇이었는지, 다시 해보고 싶은 활동은 무엇인지, 힘든 점은 없었는지에 대해 평가한다.

가까운 곳의 의자 밑으로 공 차기

2) 후프를 이용한 활동

활동 11 후프를 허리로 돌리기

대상연령 만 4, 5세

활동목표 후프를 떨어뜨리지 않고 허리로 돌린다.

누리과정 관련 요소 신체운동과 건강〉 신체활동에 참여하기〉 기구를 이용하여 신체활동하기

준비물 후프

사전준비 없음

활동방법

① 각 유아에게 후프를 1개씩 내어 준다.

② 선생님이 후프 돌리기 방법을 설명하고 시범을 보인다.

③ 유아들이 허리로 후프를 돌린다.

④ 첫 번째 후프 돌리기 소개하는 날은 1, 2회 돌리고 멈춘다.

⑤ 두 번째, 세 번째 후프 돌리기를 다시 할 때 후프 돌리는 회수를 늘려 간다.

⑥ 누가 후프를 떨어뜨리지 않고 오래 돌리는지 비교한다.

활동 마무리

오늘 활동 중에 재미있었던 활동이 무엇이었는지, 다시 해보고 싶은 활동은 무엇인지, 힘든 점은 없었는지에 대해 평가한다.

후프 돌리기

활동 12 후프를 굴려서 주고받기, 튀겨서 주고받기

대상연령 만 4, 5세

활동목표 후프를 쓰러지지 않게 굴려서 짝에게 전달한다.

누리과정 관련 요소 신체운동과 건강〉 신체활동에 참여하기〉 기구를 이용하여 신체활동하기

준비물 후프

사전준비 없음

활동방법

① 2명이 짝이 된다.

② 선생님이 후프 주고받기 활동을 설명하고 시범을 보인다.

③ 유아가 짝에게 후프를 바닥에서 굴려서 전달한다.

후프 바닥에 굴려서 짝에게 전달하기

후프 튀겨서 짝에게 전달하기

④ 처음에는 가까운 곳에서 후프를 굴려 전달하고, 점차 거리를 멀게 하며 후프를 굴려 전달한다.

⑤ 짝에게 후프를 바닥에 한 번 튀겨서 전달한다

⑥ 처음에는 가까운 곳에서 후프를 튀겨서 전달하고, 점차 거리를 멀게 하며 후프를 튀겨서 전달한다.

활동 마무리

오늘 활동 중에 재미있었던 활동이 무엇이었는지, 다시 해보고 싶은 활동은 무엇인지, 힘든 점은 없었는지에 대해 평가한다.

활동 13 후프 안에 공 통과시키기

대상연령 만 4, 5세

활동목표 후프의 위치를 조절하여 후프 안으로 공을 통과시킨다.

누리과정 관련 요소 신체운동과 건강〉 신체활동에 참여하기〉 기구를 이용하여 신체활동하기

준비물 후프

사전준비 유아 2명이 후프를 잡고 있게 한다.

활동방법

① 선생님이 공으로 후프 통과하기 시범을 보인다.

② 각 유아에게 공 2개를 준다.

③ 후프를 향해 공을 던져 후프를 통과하게 한다.
통과한 공은 자신이 주워와서 다시 시도한다.

④ 선생님이 후프를 들고 공이 오는 방향으로 후프를 움직여 공을 통과시키는 시범을 보인다.

⑤ 선생님이 공을 던지고 유아가 후프를 들고 공이 오는 방향으로 후프를 움직여 공을 통과시킨다.

⑥ 익숙해지면 유아들끼리 1명은 후프를 들고 1명은 공을 던지며 공 후프 통과 활동을 한다.

활동 마무리

오늘 활동 중에 재미있었던 활동이 무엇이었는지, 다시 해보고 싶은 활동은 무엇인지, 힘든 점은 없었는지에 대해 평가한다.

후프를 움직여서 공을 통과시키기

활동 14 후프 장애물 넘어 달리기

대상연령 만 4, 5세

활동목표 후프 장애물을 통과하며 달린다.

누리과정 관련 요소 신체운동과 건강〉 신체활동에 참여하기〉 기구를 이용하여 신체활동하기

준비물 후프

사전준비 후프 장애물 3가지를 만든다.

① 후프를 바닥에 놓아서 후프 안으로 달려서 통과하기

② 바닥에 있는 후프 아래에서 위로 몸 통과하기

③ 선생님이 들고 있는 후프 가운데로 몸 통과하기

활동방법

① 선생님이 후프 장애물 3가지를 통과하여 달리기 시범을 보인다.

② 유아들이 후프 장애물 3가지를 천천히 통과한다.

③ 익숙해지면 유아들이 후프 장애물 3가지를 빠르게 통과한다.

활동 마무리

오늘 활동 중에 재미있었던 활동이 무엇이었는지, 다시 해보고 싶은 활동은 무엇인지, 힘든 점은 없었는지에 대해 평가한다.

연계/확장방법

익숙해지면 선생님이 들고 있는 후프를 점차 높이 들어서 난이도를 높인다.

후프 가운데 통과하여 달리기

활동 15 짝과 손 잡고 후프 통과하기

대상연령 만 5세

활동목표 짝과 손 잡고 동시에 후프 장애물을 통과한다.

누리과정 관련 요소 신체운동과 건강〉 신체활동에 참여하기〉 기구를 이용하여 신체활동하기

준비물 후프

사전준비 후프 장애물 2가지를 만든다.

① 후프를 바닥에 놓아서 후프 안으로 들어갔다 나오며 통과하기

② 선생님이 들고 있는 후프 가운데로 몸 통과하기

활동방법

① 유아들이 짝과 함께 손 잡고 후프 장애물 2가지를 통과하여 달리기 시범을 보인다.

② 짝과 함께 손 잡고 후프 장애물 2가지를 천천히 통과한다.

이때 서로 짝의 손을 놓으면 안된다.

③ 익숙해지면 짝과 함께 손 잡고 후프 장애물 2가지를 빠르게 통과한다.

활동 마무리

오늘 활동 중에 재미있었던 활동이 무엇이었는지, 다시 해보고 싶은 활동은 무엇인지, 힘든 점은 없었는지에 대해 평가한다.

짝과 손 잡고 후프 통과하기

3) 줄넘기를 이용한 활동

활동 16 앞으로 줄넘기하기

대상연령 만 4, 5세

활동목표 앞으로 넘겨서 줄넘기한다.

누리과정 관련 요소 신체운동과 건강〉 신체활동에 참여하기〉 기구를 이용하여 신체활동하기

준비물 줄넘기 줄

사전준비 유아의 키에 맞추어 줄넘기 길이를 조절

활동방법

① 앞으로 줄넘기하는 방법을 선생님이 천천히 시범 보인다.

② 선생님과 함께 앞으로 줄넘기를 넘기는 방법을 연습한다.

③ 혼자서 앞으로 줄넘기를 한다.

④ 제자리에서 여러 번 줄넘기를 한다.

⑤ 익숙해지면 줄넘기를 달리면서 앞으로 나아간다.

활동 마무리

오늘 활동 중에 재미있었던 활동이 무엇이었는지, 다시 해보고 싶은 활동은 무엇인지, 힘든 점은 없었는지에 대해 평가한다.

연계/확장방법

줄넘기를 자유롭게 달리면서 넘을 수 있으면, 줄넘기 달리기 게임을 할 수 있다.

앞으로 줄넘기

활동 17 뒤로 줄넘기하기

대상연령 만 5세

활동목표 뒤로 줄넘기한다.

누리과정 관련 요소 신체운동과 건강> 신체활동에 참여하기> 기구를 이용하여 신체활동하기

준비물 줄넘기 줄

사전준비 유아의 키에 맞추어 줄넘기 길이를 조절

활동방법

① 유아가 앞으로 줄넘기를 자유롭게 하면, 뒤로 줄넘기하는 방법을 알려 준다.

② 선생님과 함께 뒤로 줄넘기를 넘기는 방법을 연습한다.

③ 혼자서 뒤로 줄넘기를 한다.

④ 제자리에서 여러 번 뒤로 줄넘기를 한다.

활동 마무리

오늘 활동 중에 재미있었던 활동이 무엇이었는지, 다시 해보고 싶은 활동은 무엇인지, 힘든 점은 없었는지에 대해 평가한다.

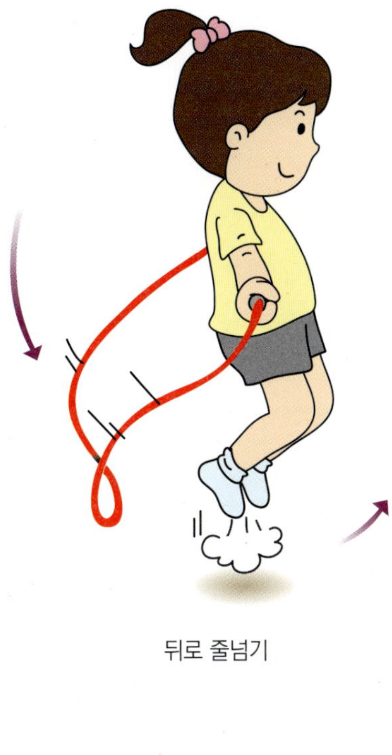

뒤로 줄넘기

활동 18 폈다 오므렸다 하는 줄넘기 두 줄 사이에서 뛰기

대상연령 만 5세

활동목표 줄넘기 줄이 움직이면, 동시에 두 발로 뛰어서 줄넘기 줄을 넘는다.

누리과정 관련 요소 신체운동과 건강〉 신체활동에 참여하기〉 기구를 이용하여 신체활동하기

준비물 줄넘기 줄 2개

사전준비 줄넘기 줄을 가장 길게 조절한다.

활동방법

① 2명의 유아가 줄넘기 줄 2개를 양손에 잡아서 2개의 줄넘기 줄을 만든다.

② 1명의 유아가 2개의 줄넘기 줄 사이에 들어가 선다.

③ 하나, 둘, 셋 하고 수를 셀 때, 셋에서 2개의 줄넘기를 서로 닿게 오므리면, 줄넘기 사이에 있던 유아가 뛰면서 두 발을 벌린다.

④ 다시 하나, 둘, 셋 하고 줄을 오므리면, 줄넘기 사이에 있던 유아가 뛰면서 줄넘기 안으로 두 발을 모은다.

⑤ 처음에는 천천히 하나, 둘, 셋 박자에 맞추어 뛴다.

⑥ 익숙해지면 노래를 부르며 노래의 박자(3/4, 4/4)에 맞추어서 뛴다.

활동 마무리

오늘 활동 중에 재미있었던 활동이 무엇이었는지, 다시 해보고 싶은 활동은 무엇인지, 힘든 점은 없었는지에 대해 평가한다.

두 줄 사이 뛰기

활동 19 줄넘기 파도 넘기

대상연령 만 4, 5세

활동목표 출렁이며 흔들리는 줄넘기 줄을 밟지 않고 넘어간다.

누리과정 관련 요소 신체운동과 건강〉 신체활동에 참여하기〉 기구를 이용하여 신체활동하기

준비물 줄넘기 줄

사전준비 줄넘기 줄 2개를 연결하고, 한쪽 끝을 책상다리에 고정시킨다.

활동방법

① 선생님이 줄넘기의 한쪽 끝을 잡고, 줄넘기 줄을 흔들어서 파도 모양을 만든다.

② 유아들이 1명씩 파도를 달려 넘는다.

③ 유아들이 2명씩 손 잡고 동시에 달리면서 파도를 넘는다.

④ 선생님은 처음에는 작은 파도, 점차 큰 파도를 만들어서 유아들이 이리저리 피하면서 줄넘기 파도를 넘게 한다.

⑤ 파도를 2곳 만들어서 연속해서 달리게 한다.

활동 마무리

오늘 활동 중에 재미있었던 활동이 무엇이었는지, 다시 해보고 싶은 활동은 무엇인지, 힘든 점은 없었는지에 대해 평가한다.

줄넘기 파도 넘기

활동 20 짝과 함께 줄 넘어 달리기

대상연령 만 5세

활동목표 몸의 힘을 조절하여 짝과 함께 줄넘기 줄을 넘을 수 있다.

누리과정 관련 요소 신체운동과 건강〉 신체활동에 참여하기〉 기구를 이용하여 신체활동하기

준비물 줄넘기 줄

사전준비 없음

활동방법

① 유아들을 2명씩 짝을 지어서 한 팀에 줄넘기 1개를 준다.

② 각 팀의 줄넘기를 그림과 같이 서로 간격을 두어 한 줄로 앉는다.

③ 제일 처음 앉은 유아 2명이 일어나서 모든 줄넘기 줄을 깡충깡충 달리면서 넘는다.

④ 다 달려 넘은 후에 마지막에 다시 줄넘기 줄을 펴고 앉는다.

⑤ 다시 처음에 앉은 유아들이 일어나서 깡충깡충 달리면서 넘는다.

활동 마무리

오늘 활동 중에 재미있었던 활동이 무엇이었는지, 다시 해보고 싶은 활동은 무엇인지, 힘든 점은 없었는지에 대해 평가한다.

짝과 함께 달리기

활동 21 줄넘기 체조

대상연령 만 4, 5세

활동목표 줄넘기를 이용하여 여러 가지 체조 동작을 한다.

누리과정 관련 요소 신체운동과 건강〉 신체활동에 참여하기〉 기구를 이용하여 신체활동하기

준비물 줄넘기 줄

사전준비 없음

활동방법

① 줄넘기 줄을 반으로 접어서 한 손에 쥔다. 줄을 위로 올린다.

② 줄을 잡은 손을 위에서 허리를 굽혀 아래로 내린다.

③ 발을 줄넘기 줄까지 올린다. 오른발, 왼발을 반복한다.

④ 줄을 잡고 온몸을 오른쪽으로 왼쪽으로 기울인다.

⑤ 줄을 넘어서 빠져 나간다. 다시 줄을 앞으로 넘겨서 제자리로 이동한다. 이 동작을 반복한다.

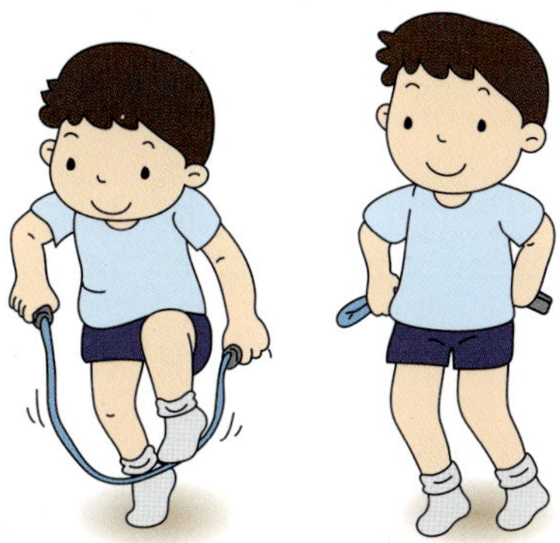

활동 마무리

오늘 체조 중에 재미있었던 활동이 무엇이었는지, 다시 해보고 싶은 활동은 무엇인지, 힘든 점은 없었는지에 대해 평가한다.

활동 22 줄넘기 밑으로 기어가기

대상연령 만 4, 5세

활동목표 몸을 낮게하여 줄넘기 줄 밑으로 기어간다.

누리과정 관련 요소 신체운동과 건강〉 신체활동에 참여하기〉 기구를 이용하여 신체활동하기

준비물 줄넘기 줄

사전준비 없음

활동방법

① 선생님과 유아 1명이 줄넘기 줄 한쪽을 잡아 양편에서 앉는다.

② 유아들이 1명씩 줄넘기 줄 밑을 기어서 통과한다.

③ 선생님은 처음에는 줄 높이를 높게 하여 유아들을 통과시키고, 유아들이 익숙해지면 줄높이를 낮게 하여 유아들을 통과시킨다.

⑤ 줄넘기 줄 넘어가기 2곳 만들어서 한 번은 기어서 통과하고, 한 번은 옆으로 굴러서 통과하게 한다.

활동 마무리

오늘 활동 중에 재미있었던 활동이 무엇이었는지, 다시 해보고 싶은 활동은 무엇인지, 힘든 점은 없었는지에 대해 평가한다.

줄넘기 줄 건드리지 않고 밑으로 통과하기

4) 스카프, 신문지를 이용한 활동

활동 23 스카프 날리며 달리기

대상연령 만 3~5세

활동목표 스카프가 펄럭이도록 빠르게 달린다.

누리과정 관련 요소 신체운동과 건강〉 신체활동에 참여하기〉 기구를 이용하여 신체활동하기

준비물 스카프

사전준비 없음

활동방법

① 밖으로 나가서 넓은 곳에서 스카프를 손에 들고 달린다.

② 천천히 달려보고 빠르게 달려 본다. 스카프가 펄럭이며 공중에 떠 있도록 빨리 달린다.

③ 여럿이 스카프를 같이 날리며 달린다.

④ 누구의 스카프가 가장 잘 펄럭이는지 비교한다.

활동 마무리

오늘 활동 중에 재미있었던 활동이 무엇이었는지, 다시 해보고 싶은 활동은 무엇인지, 힘든 점은 없었는지에 대해 평가한다.

스카프 날리며 달리기

활동 24 스카프 높이 던졌다가 잡기

대상연령 만 4, 5세

활동목표 스카프를 뭉쳐서 높이 던졌다가 받는다.

누리과정 관련 요소 신체운동과 건강〉 신체활동에 참여하기〉 기구를 이용하여 신체활동하기

준비물 스카프

사전준비 없음

활동방법

① 스카프를 유아가 가지고 놀게 한다.

② 선생님이 스카프를 둥글게 말아서 높이 던졌다가 떨어질 때 잡는 시범을 보인다.

③ 유아들이 스카프를 둥글게 말아서 높이 던졌다가 떨어질 때 잡는다.

④ 스카프를 둥글고 작게 만들어야 스카프를 높이 던질 수 있다.

⑤ 스카프를 둥글게 말아서 친구끼리 서로 던져주고 잡는다.

활동 마무리

오늘 활동 중에 재미있었던 활동이 무엇이었는지, 다시 해보고 싶은 활동은 무엇인지, 힘든 점은 없었는지에 대해 평가한다.

스카프 높이 던지고 잡기

활동 25 신문지 위에 공을 올려 놓고 달리기

대상연령 만 5세

활동목표 신문지 위의 공이 떨어지지 않게 신문지를 조절하며 잡고 달린다.

누리과정 관련 요소 신체운동과 건강〉 신체활동에 참여하기〉 기구를 이용하여 신체활동하기

준비물 신문지

사전준비 없음

활동방법

① 2명의 유아에게 신문지 1개와 작은 공 1개를 내어 준다.

② 2명의 유아가 신문지의 양끝을 잡아 평평하게 하고 그 위에 작은 공을 올려 놓는다.

③ 공이 떨어지지 않게 신문지를 유지하며 조심하면서 출발선에서 도착점까지 옆으로 달린다.

④ 달리다가 공이 떨어지면 출발선으로 돌아와서 다시 시작한다.

⑤ 모든 유아가 2명씩 팀을 지어 계속해서 출발선을 출발하고, 도착점에 도착하면 다시 출발선으로 와서 반복한다.

⑥ 익숙해지면 신문지 위에 풍선을 올리고 달리기 활동을 한다.

활동 마무리

오늘 활동 중에 재미있었던 활동이 무엇이었는지, 다시 해보고 싶은 활동은 무엇인지, 힘든 점은 없었는지에 대해 평가한다.

연계/확장방법

신문지 대신 스카프로 대신할 수 있다. 스카프 위에는 가벼운 물건을 올린다.

신문지 위에 공을 올려 놓고 달리기

활동 26 신문지 장애물 지그재그 달리기

대상연령 만 4, 5세

활동목표 장애물을 피하여 빠르게 달린다.

누리과정 관련 요소 신체운동과 건강〉 신체활동에 참여하기〉 기구를 이용하여 신체활동하기

준비물 신문지

사전준비 신문지 장애물 4가지를 만든다.

① 지그재그로 달리기 장애물

② 높이 달리기 장애물

③ 밑으로 통과하기 장애물

④ 돌아가기 장애물

활동방법

① 유아들을 2팀으로 나누고, 1팀은 신문지 장애물을 설치한다.

② 1팀은 출발선에 줄을 선다.

③ 유아가 출발하여 처음의 신문지 장애물을 지그재그로 달린다.
두 번째 신문지 장애물을 뛰어 넘고, 세 번째 신문지 장애물 밑으로 통과하여 달린다.
네 번째 신문지 장애물을 돌아서 통과하여 출발선으로 돌아온다.

④ 모든 유아가 통과하면 장애물을 잡았던 유아들과 자리를 바꾼다.

⑤ 장애물을 잡았던 유아들이 출발선에 줄을 서서 장애물 달리기를 한다.

활동 마무리

오늘 활동 중에 재미있었던 활동이 무엇이었는지, 다시 해보고 싶은 활동은 무엇인지, 힘든 점은 없었는지에 대해 평가한다.

신문지 장애물 지그재그 달리기

5) 팥주머니를 이용한 활동

활동 27 팥주머니를 던져서 서로 주고받기

대상연령 만 5세

활동목표 팥주머니를 짝에게 던지고, 짝이 던진 팥주머니를 받는다.

누리과정 관련 요소 신체운동과 건강〉 신체활동에 참여하기〉 기구를 이용하여 신체활동하기

준비물 팥주머니

사전준비 없음

활동방법

① 1명의 유아에게 2개의 팥주머니를 준다.

② 2명의 유아가 서로 팥주머니를 던지고 받는다. 2개를 연속으로 던지고 받는다.

③ 한 손으로 던지고 양손으로 받는다.

④ 처음에는 가까운 곳에서 팥주머니를 천천히 던지고 받는다.

⑤ 익숙해지면 서로 멀리 떨어져서 팥주머니를 천천히 던지고 받는다.
팥주머니를 빠르게 던지면 위험할 수 있으므로 빠르게 던지지 않는다.

⑥ 익숙해지면 한 손으로 던지고 한 손으로 받는다.

활동 마무리

오늘 활동 중에 재미있었던 활동이 무엇이었는지, 다시 해보고 싶은 활동은 무엇인지, 힘든 점은 없었는지에 대해 평가한다.

팥주머니 주고받기

활동 28 팥주머니를 위로 던지고 숫자만큼 손뼉치고 받기

대상연령 만 5세

활동목표 팥주머니를 위로 던지고 박수친 후 받는다.

누리과정 관련 요소 신체운동과 건강〉 신체활동에 참여하기〉 기구를 이용하여 신체활동하기

준비물 팥주머니

사전준비 없음

활동방법

① 팥주머니를 위로 높이 던져서 받기를 한다.

② 익숙해지면 팥주머니를 위로 높이 던진 후 손뼉을 1번 치고 팥주머니를 받는다.

③ 점차 손뼉을 2번 치고, 3번 치고 팥주머니 받기 활동으로 바꾼다.

④ 손뼉을 여러 번 치고 팥주머니를 잘 받는 친구의 수행을 관찰하여 따라하게 한다.

⑤ 팥주머니를 높이 던지고 그 자리에 앉아서 손뼉치고 받기한다.

활동 마무리

오늘 활동 중에 재미있었던 활동이 무엇이었는지, 다시 해보고 싶은 활동은 무엇인지, 힘든 점은 없었는지에 대해 평가한다.

손뼉치고 팥주머니 받기

활동 29 팥주머니를 바구니에 던져 넣기

대상연령 만 5세

활동목표 팥주머니를 바구니 안으로 던져 넣는다.

누리과정 관련 요소 신체운동과 건강〉 신체활동에 참여하기〉 기구를 이용하여 신체활동하기

준비물 팥주머니, 커다란 바구니

사전준비 없음

활동방법

① 유아들에게 팥주머니 3개씩을 나누어 준다.

② 팥주머니 3개를 차례차례로 바구니 안으로 던진다.
바구니 안으로 들어간 팥주머니 수만큼 칭찬카드를 준다.

③ 팥주머니 3개를 주워서 다시 팥주머니를 차례차례로 바구니 안으로 던진다

④ 점차 바구니를 던지는 선에서 멀리 이동한다.

⑤ 1, 2, 3차 수행 후 칭찬카드가 제일 많은 유아를 오늘의 선수로 정한다.

활동 마무리

오늘 활동 중에 재미있었던 활동이 무엇이었는지, 다시 해보고 싶은 활동은 무엇인지, 힘든 점은 없었는지에 대해 평가한다.

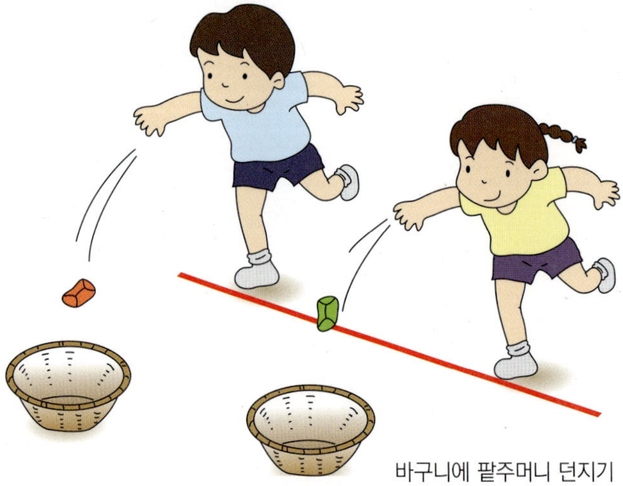

바구니에 팥주머니 던지기

활동 30 모자로 팥주머니 받기

대상연령 만 5세

활동목표 던지는 팥주머니를 모자로 받는다.

누리과정 관련 요소 신체운동과 건강〉 신체활동에 참여하기〉 기구를 이용하여 신체활동하기

준비물 팥주머니, 커다란 밀짚모자, 작은 운동모자

사전준비 없음

활동방법

① 유아에게 밀짚모자를 1개를 내어 준다.

② 선생님이 유아에게 팥주머니를 던진다. 각 유아에게 3개의 팥주머니를 던진다.

③ 유아는 던진 팥주머니를 이리저리 몸을 움직이며 밀짚모자로 받는다.

④ 밀짚모자로 팥주머니를 받은 수만큼 칭찬카드를 준다.

⑤ 익숙해지면 팥주머니를 받는 밀짚모자를 작은 운동모자로 바꾼다.

⑥ 1, 2, 3차 수행 후 칭찬카드가 제일 많은 유아를 오늘의 선수로 정한다.

활동 마무리

오늘 활동 중에 재미있었던 활동이 무엇이었는지, 다시 해보고 싶은 활동은 무엇인지, 힘든 점은 없었는지에 대해 평가한다.

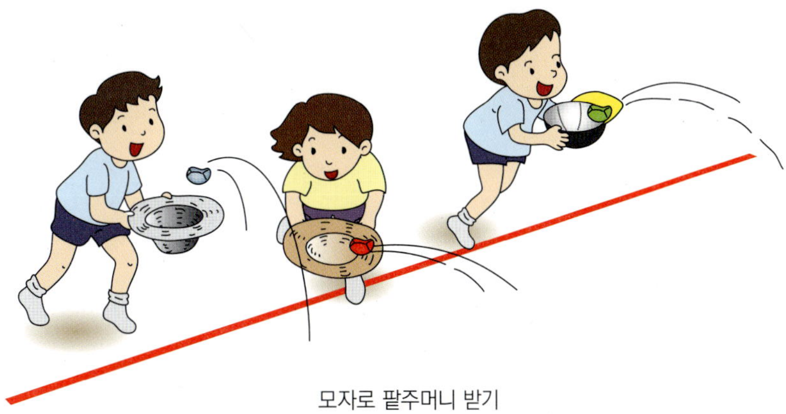

모자로 팥주머니 받기

활동 31 팥주머니 뒤로 던지기

대상연령 만 5세

활동목표 팥주머니를 뒤쪽으로 던져서 원 안에 넣는다.

누리과정 관련 요소 신체운동과 건강〉 신체활동에 참여하기〉 기구를 이용하여 신체활동하기

준비물 2가지 색 팥주머니

사전준비 바닥에 큰 원을 그리고, 큰 원 안에 작은 원을 그린다.

활동방법

① 유아들을 두 팀으로 나누어 큰 원 둘레에 선다.

② 유아에게 각자 자기 팀 색 팥주머니를 3개씩 내어 준다.

③ 모든 유아는 뒤로 돌아선다.

④ 시작 신호가 나면 가운데 원 안에 팥주머니가 들어가도록 뒤로 던진다.
이때 뒤를 보지 않고 팥주머니를 뒤로 던져 작은 원에 넣는다.

팥주머니 뒤로 던지기

⑤ 팥주머니를 던진 다음, 작은 원 안으로 들어간 팥주머니 수를 센다.

⑥ 작은 원 안에 자기 팀 색 팥주머니가 많은 팀이 이기게 된다.

⑦ 유아들 모두 팥주머니를 3개씩 주워서 활동을 반복한다.

활동 마무리

오늘 활동 중에 재미있었던 활동이 무엇이었는지, 다시 해보고 싶은 활동은 무엇인지, 힘든 점은 없었는지에 대해 평가한다.

6) 낮은 평균대를 이용한 활동

활동 32 낮은 평균대에서 걷기

대상연령 만 5세

활동목표 낮은 평균대에서 균형을 잡고 걷는다.

누리과정 관련 요소 신체운동과 건강〉 신체활동에 참여하기〉 기구를 이용하여 신체활동하기

준비물 낮은 평균대

사전준비 교실 바닥에 걷기 줄을 표시한다.

활동방법

① 교실 바닥 걷기 줄을 따라 걷기를 한 후, 익숙해지면 걷는 장소를 낮은 평균대로 바꾼다.

② 유아가 낮은 평균대를 걸어서 통과하게 한다.

③ 처음에는 선생님이나 다른 유아가 한 손을 잡아 준다.

④ 점차 익숙해지면 혼자서 낮은 평균대 위를 걷게 한다.

⑤ 앞으로 걷고 옆으로 걷는다.

⑥ 익숙해지면 평균대의 높이를 약간 높인다. 그러나 낮은 평균대 걷기 활동은 단시간에 완성되지 않는 것이므로, 2~3달 시일을 두어 천천히 난이도를 높여야 한다.

활동 마무리

오늘 활동 중에 재미있었던 활동이 무엇이었는지, 다시 해보고 싶은 활동은 무엇인지, 힘든 점은 없었는지에 대해 평가한다.

평균대 걷기

활동 33 낮은 평균대 위에서 한 발로 균형 잡기

대상연령 만 5세

활동목표 낮은 평균대에서 한 발로 균형을 잡는다.

누리과정 관련 요소 신체운동과 건강> 신체활동에 참여하기> 기구를 이용하여 신체활동하기

준비물 낮은 평균대

사전준비 교실 바닥에 걷기 줄을 표시한다.

활동방법

① 유아가 교실 바닥 걷기 줄을 따라 걷기를 한 후 두 손을 펴고 무릎을 살짝 구부리고 균형을 잡는다.

② 유아가 낮은 평균대를 걸어서 두 손을 펴고 무릎을 살짝 구부린 자세로 균형을 잡는다. 처음에는 선생님이나 다른 유아가 한 손을 잡아 준다.

③ 유아가 낮은 평균대를 걸어서 두 손을 펴고 한 발로 서서 균형을 잡는다.
처음에는 선생님이나 다른 유아가 한 손을 잡아 준다.

④ 유아가 낮은 평균대를 걸어서 한 발로 서서 균형을 잡은 후 몸을 앞으로 천천히 숙인다. 처음에는 선생님이나 다른 유아가 한 손을 잡아 준다.

⑤ 평균대 위에서의 3가지 동작을 반복하여 연습한다.

활동 마무리

오늘 활동 중에 재미있었던 활동이 무엇이었는지, 다시 해보고 싶은 활동은 무엇인지, 힘든 점은 없었는지에 대해 평가한다.

평균대에서 한 발로 균형 잡기

활동 34 낮은 평균대 위에서 방향 바꾸어 걷기

대상연령 만 5세

활동목표 낮은 평균대에서 균형을 잡고 진행방향을 바꾼다.
낮은 평균대 위에서 방향을 바꾸어 걸을 수 있다.

누리과정 관련 요소 신체운동과 건강〉 신체활동에 참여하기〉 기구를 이용하여 신체활동하기

준비물 낮은 평균대

사전준비 교실바닥에 걷기 줄을 표시한다.

활동방법

① 유아가 교실 바닥 걷기 줄을 따라 걸어서 가운데에 멈추어 균형을 잡아서 한 바퀴 돌아 걷는다.

② 유아가 낮은 평균대를 걸어서 가운데에 멈추어 천천히 진행방향을 뒤로 돌아서 걷는다. 처음에는 선생님이나 다른 유아가 한 손을 잡아 준다.

③ 익숙해지면 유아가 낮은 평균대를 걸어서 가운데에 멈추어 천천히 진행방향을 한 바퀴(뒤로 돌고 다시 뒤로 돌아) 돌아서 걷는다.

④ 교실 바닥 걷기 줄에서 연습한 후에 낮은 평균대 위에서 연습한다.

활동 마무리

오늘 활동 중에 재미있었던 활동이 무엇이었는지, 다시 해보고 싶은 활동은 무엇인지, 힘든 점은 없었는지에 대해 평가한다.

평균대에서 한 바퀴 돌기

활동 35 낮은 평균대 위에서 옆으로 걷기

대상연령 만 5세

활동목표 낮은 평균대에서 균형을 잡고 옆으로 걷는다.

누누리과정 관련 요소 신체운동과 건강〉 신체활동에 참여하기〉 기구를 이용하여 신체활동하기

준비물 낮은 평균대

사전준비 교실바닥에 걷기 줄을 표시한다.

활동방법

① 유아가 교실 바닥 걷기 줄을 따라 옆으로 걷는다.

② 유아가 낮은 평균대를 옆으로 걷는다. 처음에는 선생님이나 다른 유아가 한 손을 잡아 준다.

③ 익숙해지면 유아가 낮은 평균대에서 균형을 잡으며 옆으로 걷는다.

④ 교실 바닥 걷기 줄에서 연습한 후에 낮은 평균대 위에서 연습한다.

활동 마무리

오늘 활동 중에 재미있었던 활동이 무엇이었는지, 다시 해보고 싶은 활동은 무엇인지, 힘든 점은 없었는지에 대해 평가한다.

평균대 옆으로 걷기

활동 36 낮은 평균대 위 장애물 통과하여 걷기

대상연령 만 5세

활동목표 낮은 평균대에서 균형을 잡고 장애물을 통과하여 걷는다.

누리과정 관련 요소 신체운동과 건강〉신체활동에 참여하기〉기구를 이용하여 신체활동하기

준비물 낮은 평균대, 종이블록

사전준비 교실 바닥에 걷기 줄을 표시한다.

낮은 평균대 위에 종이블록 2~3개를 올려 놓는다.

활동방법

① 유아가 교실 바닥 걷기 줄을 따라 장애물 종이블록을 넘어서 걷는다.

② 유아가 낮은 평균대를 걸어서 장애물 종이블록 2개를 건너서 걷는다. 처음에는 선생님이나 다른 유아가 한 손을 잡아 준다.

③ 익숙해지면 유아가 낮은 평균대를 걸어서 장애물 종이블록 3개를 건너서 걷는다.

④ 교실 바닥 걷기 줄에서 연습한 후에 낮은 평균대 위에서 연습한다.

활동 마무리

오늘 활동 중에 재미있었던 활동이 무엇이었는지, 다시 해보고 싶은 활동은 무엇인지, 힘든 점은 없었는지에 대해 평가한다.

평균대 위 장애물 통과하기

활동 37 낮은 평균대 밑에 있는 공 잡기

대상연령 만 5세

활동목표 낮은 평균대에서 균형을 잡고 평균대 밑의 사물을 잡는다.

누리과정 관련 요소 신체운동과 건강〉 신체활동에 참여하기〉 기구를 이용하여 신체활동하기

준비물 낮은 평균대, 장난감

사전준비 낮은 평균대 밑에 공 1개를 가까이 놓아 둔다.

활동방법

① 교실 바닥 걷기 줄에서 줄 옆에 있는 공을 잡기 연습한 후 낮은 평균대 위에서 연습한다.

② 유아가 낮은 평균대를 걸어서 가운데에 멈춘다.

③ 평균대 위에서 몸을 웅크렸다 편다. 처음에는 선생님이나 다른 유아가 한 손을 잡아준다.

④ 익숙해지면 유아가 낮은 평균대를 걸어서 가운데에 멈추어 몸을 웅크려서 평균대 옆에 있는 공을 잡는다. 처음에는 선생님이나 다른 유아가 한 손을 잡아서 도와준다.

활동 마무리

오늘 활동 중에 재미있었던 활동이 무엇이었는지, 다시 해보고 싶은 활동은 무엇인지, 힘든 점은 없었는지에 대해 평가한다.

평균대 밑의 공 잡기

7) 고무줄을 이용한 신체활동

활동 38 고무줄 높이뛰기

대상연령 만 3~5세

활동목표 고무줄을 뛰어 넘는다.

누리과정 관련 요소 신체운동과 건강〉 신체활동에 참여하기〉 기구를 이용하여 신체활동하기

준비물 고무줄

사전준비 없음

활동방법

① 고무줄 한 쪽을 선생님과 유아가 잡아서 팽팽하게 당긴다. 처음에는 고무줄의 높이를 아주 낮게 설치한다.

② 유아들이 멀리서 달려와 고무줄을 뛰어 넘는다.

③ 넘다가 고무줄에 걸린 유아는 다시 시도한다.

④ 익숙해지면 고무줄의 높이를 조금 높이고 유아들이 뛰어 넘는다.

⑤ 모든 유아가 넘을 수 있는 높이로 고무줄 높이를 맞춘다.

⑥ 오늘 높이 못 뛴 유아는 내일 다시 해보기로 약속한다.

활동 마무리

오늘 활동 중에 재미있었던 활동이 무엇이었는지, 다시 해보고 싶은 활동은 무엇인지, 힘든 점은 없었는지에 대해 평가한다.

고무줄 높이 뛰어 넘기

활동 39 고무줄 넓이뛰기

대상연령 만 3~5세

활동목표 2개의 고무줄 사이를 뛰어 넘는다.

누리과정 관련 요소 신체운동과 건강〉 신체활동에 참여하기〉 기구를 이용하여 신체활동하기

준비물 고무줄

사전준비 없음

활동방법

① 2개의 고무줄 한 쪽을 선생님과 유아가 잡아서 팽팽하게 당긴다.
처음에는 2개의 고무줄 사이 간격을 아주 좁게 설치한다.

② 유아들이 멀리서 달려와 2개의 고무줄 사이를 뛰어 넘는다.

③ 넘다가 고무줄에 걸린 유아는 다시 시도한다.

④ 익숙해지면 2개의 고무줄 사이 간격을 조금 넓히고 유아들이 뛰어 넘는다.

⑤ 모든 유아가 달리어 넘을 수 있는 넓이로 2개의 고무줄 사이 간격을 맞춘다.

⑥ 오늘 2개의 고무줄 사이를 못 뛰어 넘은 유아는 내일 다시 해보기로 약속한다.

활동 마무리

오늘 활동 중에 재미있었던 활동이 무엇이었는지, 다시 해보고 싶은 활동은 무엇인지, 힘든 점은 없었는지에 대해 평가한다.

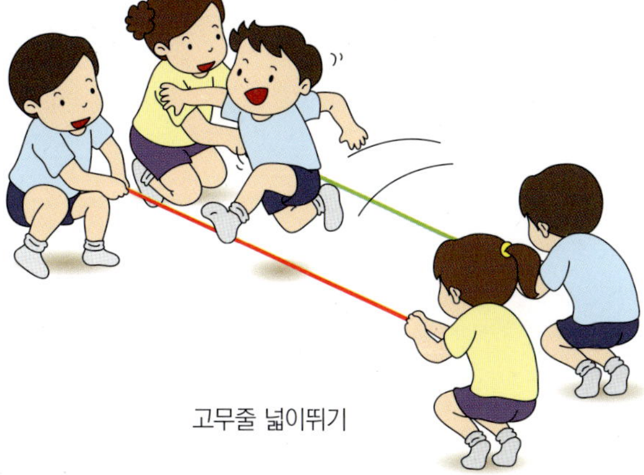

고무줄 넓이뛰기

활동 40 고무줄 밑으로 기어가기

대상연령 만 3~5세

활동목표 고무줄에 닿지 않고 고무줄 밑으로 기어간다.

누리과정 관련 요소 신체운동과 건강〉 신체활동에 참여하기〉 기구를 이용하여 신체활동하기

준비물 고무줄

사전준비 없음

활동방법

① 고무줄 한 쪽을 선생님이 잡아서 팽팽하게 당긴다.
처음에는 고무줄을 바닥에서 60cm 높이로 고정하여 설치한다.

② 유아들이 고무줄 밑을 고무줄을 건드리지 않고 기어서 통과한다.

③ 넘다가 고무줄을 건드린 유아는 다시 시도한다.

④ 익숙해지면 고무줄의 높이는 조금 낮추어서 유아들이 다시 기어 통과한다.
기어가거나 등을 바닥에 대고 몸을 움직여 통과할 수 있다.

⑤ 모든 유아가 고무줄을 건드리지 않고 통과할 수 있도록 고무줄 높이를 맞춘다.

⑥ 오늘 고무줄을 지나갈 때 고무줄을 건드린 유아는 내일 다시 해보기로 약속한다.

활동 마무리

오늘 활동 중에 재미있었던 활동이 무엇이었는지, 다시 해보고 싶은 활동은 무엇인지, 힘든 점은 없었는지에 대해 평가한다.

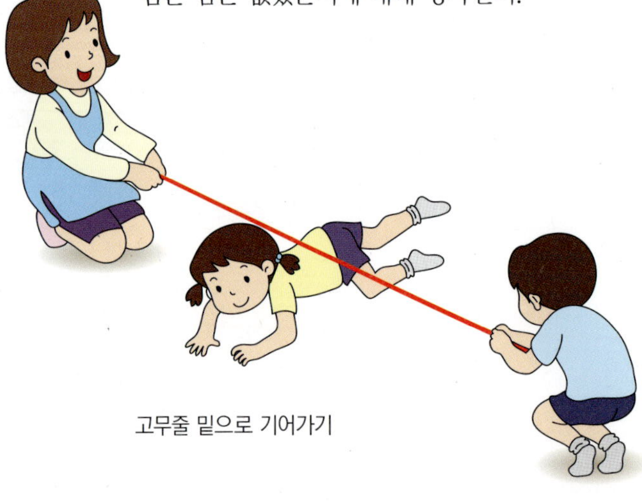

고무줄 밑으로 기어가기

활동 41 3줄 고무줄 장애물을 발로 밟고 넘어가기

대상연령 만 4, 5세

활동목표 흔들리는 고무줄을 발로 밟는다.

누리과정 관련 요소 신체운동과 건강 〉 신체활동에 참여하기 〉 기구를 이용하여 신체활동하기

준비물 고무줄

사전준비 3줄의 고무줄 한 쪽을 책상에 고정시킨다.

활동방법

① 3줄의 고무줄 장애물 한 쪽을 선생님과 유아들이 잡아서 팽팽하게 당긴다. 3줄의 고무줄 장애물은 높이가 조금씩 높아지도록 (아주 낮게, 조금 높게, 높게) 설치한다.

② 유아들이 멀리서 달려와 3줄의 고무줄을 밟고 건너간다.

③ 첫 번째 고무줄을 발로 밟아야 두 번째 고무줄에 도전할 수 있다.

④ 유아들이 고무줄을 밟으려 할 때 고무줄을 잡고 있는 사람이 고무줄을 살짝 흔들어서 활동의 난이도를 높힌다.

⑤ 3줄의 고무줄을 통과한 유아에게 칭찬카드를 준다.

⑥ 오늘 활동한 여러 가지 신체활동에서 받은 칭찬카드를 모아서 칭찬카드가 제일 많은 유아를 오늘의 선수로 정한다.

활동 마무리

오늘 활동 중에 재미있었던 활동이 무엇이었는지, 다시 해보고 싶은 활동은 무엇인지, 힘든 점은 없었는지에 대해 평가한다.

활동 42 고무줄 함정 통과하기

대상연령 만 4, 5세

활동목표 고무줄을 건드리지 않고 고무줄 함정을 통과한다.

누리과정 관련 요소 신체운동과 건강〉 신체활동에 참여하기〉 기구를 이용하여 신체활동하기

준비물 고무줄

사전준비 고무줄 6개를 서로 엇갈리게 의자로 고정시켜 바닥에서 15cm 정도 높이로 고무줄 함정을 만든다.

활동방법

① 6줄의 고무줄을 의자에 고정하여 고무줄 함정을 만든다.

② 선생님이 고무줄을 건드리지 않고 조심스럽게 빈 공간으로 걸어서 고무줄 함정을 통과하는 시범을 보인다.

③ 유아들이 고무줄을 건드리지 않고 조심스럽게 빈 공간으로 걸어서 고무줄 함정을 통과한다.

④ 고무줄 함정을 통과한 유아에게 칭찬카드를 준다.

⑤ 넘다가 고무줄을 건드린 유아는 다시 시도한다.

⑥ 익숙해지면 고무줄 함정의 모양을 변화하여 다시 실시한다.

⑦ 익숙해지면 2명의 유아가 손을 잡고 통과한다. 통과하는 동안 손을 놓으면 안된다.

⑧ 오늘 활동한 여러 가지 신체활동에서 받은 칭찬카드를 모아서 칭찬카드가 제일 많은 유아를 오늘의 선수로 정한다.

활동 마무리

오늘 활동 중에 재미있었던 활동이 무엇이었는지, 다시 해보고 싶은 활동은 무엇인지, 힘든 점은 없었는지에 대해 평가한다.

3. 유아의 순환연습 신체활동

활동 1 여러 가지 방법으로 걷기 순환연습 활동

대상연령 만 3~5세

활동목표 여러 가지 신체운동활동을 몸의 힘을 조절하여 바르게 수행한다.

여러 가지 신체운동활동을 스스로 순환반복수행을 한다.

누리과정 관련 요소 신체운동과 건강〉 신체 조절과 기본운동하기〉 신체 조절하기

〉기본운동하기

신체운동과 건강〉 신체활동에 참여하기〉 자발적으로 신체활동에 참여하기

활동자료 없음

활동방법

① 5가지 걷기 신체활동을 하는 방법을 교사가 시범을 보이며 알려 준다.

② 5가지 걷기 신체활동은 5곳의 장소에서 차례로 실시하며, 다음 활동 장소에서 앞서 실시하는 친구가 활동을 마칠 때까지 기다려야 한다.

③ 5가지 신체활동을 모두 수행한 유아에게 칭찬카드를 준다.

④ 유아가 스스로 원해서 반복하여 5가지 걷기 신체활동을 수행한다.

⑤ 5가지 걷기 신체활동을 모두 수행할 때마다 칭찬카드를 준다.

⑥ 과도하게 신체활동을 할 수 있으므로 일정한 시간마다 모두 휴식시간을 갖는다.

활동 마무리

오늘 활동 중에 재미있었던 활동이 무엇이었는지, 다시 해보고 싶은 활동은 무엇인지, 힘든 점은 없었는지에 대해 평가한다.

⑤ 개구리처럼 폴짝 뛰어가기
④ 옆으로 걷기
③ 바닥을 기어가기
② 뒤로 걷기
① 발끝으로 걷기

활동 2 건너가기 순환연습 활동

대상연령 만 3~5세

활동목표 여러 가지 신체운동활동을 몸의 힘을 조절하여 바르게 수행한다.
여러 가지 신체운동활동을 스스로 순환반복수행을 한다.

누리과정 관련 요소 신체운동과 건강〉신체 조절과 기본운동하기〉신체 조절하기
〉기본운동하기
신체운동과 건강〉신체활동에 참여하기〉자발적으로 신체활동에 참여하기

활동자료 사다리, 상자, 종이블록 등

활동방법

① 5가지 건너가기 신체활동을 하는 방법을 교사가 시범을 보이며 알려 준다.
② 5가지 건너가기 신체활동은 5곳의 장소에서 차례로 실시하며, 다음 활동 장소에서 앞서 실시하는 친구가 활동을 마칠 때까지 기다려야 한다.
③ 5가지 건너가기 신체활동을 모두 수행한 유아에게 칭찬카드를 준다.
④ 유아가 스스로 원해서 반복하여 5가지 건너가기 신체활동을 수행한다.
⑤ 5가지 건너가기 신체활동을 모두 수행할 때마다 칭찬카드를 준다.
⑥ 과도하게 신체활동을 할 수 있으므로 일정한 시간마다 모두 휴식시간을 갖는다.

활동 마무리

오늘 활동 중에 재미있었던 활동이 무엇이었는지, 다시 해보고 싶은 활동은 무엇인지, 힘든 점은 없었는지에 대해 평가한다.

⑤ 종이블록 징검다리 건너가기
④ 넓은 시냇물 한 번에 뛰어서 건너가기
③ 상자 폴짝 뛰어 건너가기
② 사다리 징검다리 건너가기
① 여러 가지 색 모양을 모두 밟고 지나가기

활동 3 공 순환연습 활동

대상연령 만 3~5세

활동목표 여러 가지 신체운동활동을 몸의 힘을 조절하여 바르게 수행한다.
여러 가지 신체운동활동을 스스로 순환반복수행을 한다.

누리과정 관련 요소 신체운동과 건강〉 신체 조절과 기본운동하기〉 신체 조절하기
〉기본운동하기
신체운동과 건강〉 신체활동에 참여하기〉 자발적으로 신체활동에 참여하기

활동자료 공, 상자, 종이블록 등

활동방법

① 5가지 공 신체활동을 하는 방법을 교사가 시범을 보이며 알려 준다.

② 5가지 공 신체활동은 5곳의 장소에서 차례로 실시하며, 다음 활동 장소에서 앞서 실시하는 친구가 활동을 마칠 때까지 기다려야 한다.

③ 5가지 공 신체활동을 모두 수행한 유아에게 칭찬카드를 준다.

④ 유아가 스스로 원해서 반복하여 5가지 공 신체활동을 수행한다.

⑤ 5가지 공 신체활동을 모두 수행할 때마다 칭찬카드를 준다.

⑥ 과도하게 신체활동을 할 수 있으므로 일정한 시간마다 모두 휴식시간을 갖는다.

활동 마무리

오늘 활동 중에 재미있었던 활동이 무엇이었는지, 다시 해보고 싶은 활동은 무엇인지, 힘든 점은 없었는지에 대해 평가한다.

⑤ 공을 발로 차서 원하는 상자에 넣기
④ 공을 높이 던지고 손뼉치고 공 받기
③ 공을 굴려서 3개의 목표물 맞추기
② 공을 두 손으로 들고
오른쪽, 왼쪽으로 몸 기울이기
① 길 따라서 발로 공을 굴려 통과하기

활동 4 후프 통과 순환연습 활동

대상연령 만 3~5세

활동목표 여러 가지 신체운동활동을 몸의 힘을 조절하여 바르게 수행한다.
여러 가지 신체운동활동을 스스로 순환반복수행을 할 수 있다.

누리과정 관련 요소 신체운동과 건강〉 신체 조절과 기본운동하기〉 신체 조절하기
〉기본운동하기
신체운동과 건강〉 신체활동에 참여하기〉 자발적으로 신체활동에 참여하기

활동자료 후프, 의자, 깡통 등

활동방법

① 5가지 후프 통과 신체활동을 하는 방법을 교사가 시범을 보인다.

② 5가지 후프 통과 신체활동은 5곳의 장소에서 차례로 실시하며, 다음 활동장소에서 앞서 실시하는 친구가 활동을 마칠 때까지 기다려야 한다.

③ 5가지 후프 통과 신체활동을 모두 수행한 유아에게 칭찬카드를 준다.

④ 유아가 스스로 원해서 반복하여 5가지 후프 통과 신체활동을 수행한다.

⑤ 5가지 후프 통과 신체활동을 모두 수행할 때마다 칭찬카드를 준다.

⑥ 과도하게 신체활동을 할 수 있으므로 일정한 시간마다 모두 휴식시간을 갖는다.

활동 마무리

오늘 활동 중에 재미있었던 활동이 무엇이었는지, 다시 해보고 싶은 활동은 무엇인지, 힘든 점은 없었는지에 대해 평가한다.

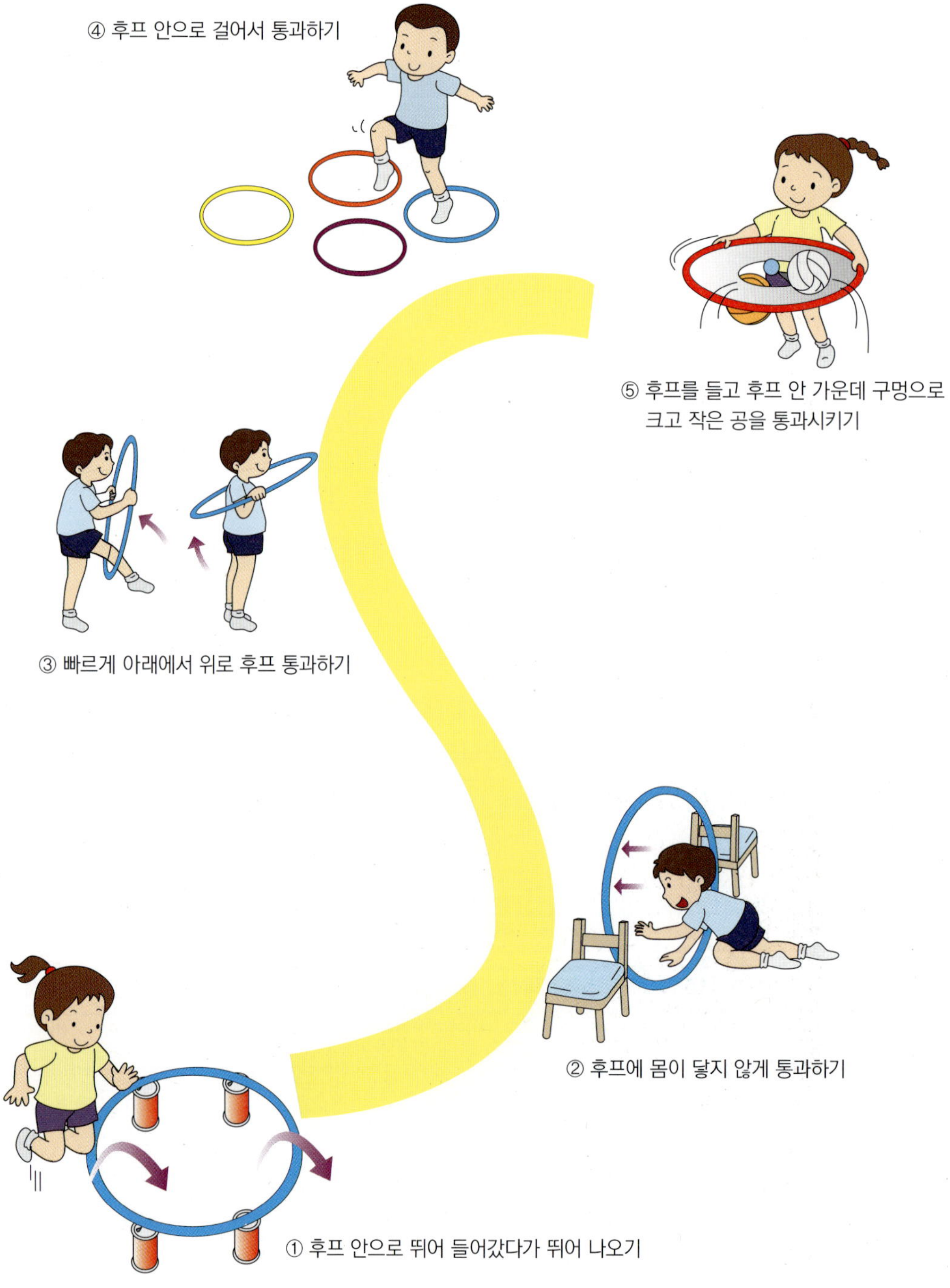
① 후프 안으로 뛰어 들어갔다가 뛰어 나오기
② 후프에 몸이 닿지 않게 통과하기
③ 빠르게 아래에서 위로 후프 통과하기
④ 후프 안으로 걸어서 통과하기
⑤ 후프를 들고 후프 안 가운데 구멍으로 크고 작은 공을 통과시키기

활동 5 흔들기, 구르기 순환연습 활동

대상연령 만 3~5세

활동목표 여러 가지 신체운동활동을 몸의 힘을 조절하여 바르게 수행한다.
여러 가지 신체운동활동을 스스로 순환반복수행을 한다.

누리과정 관련 요소 신체운동과 건강〉 신체 조절과 기본운동하기〉 신체 조절하기
〉 기본운동하기
신체운동과 건강〉 신체활동에 참여하기〉 자발적으로 신체활동에 참여하기

활동자료 리본막대, 스카프, 매트

활동방법

① 5가지 흔들기, 구르기 신체활동을 하는 방법을 교사가 시범을 보인다.

② 5가지 흔들기, 구르기 신체활동은 5곳의 장소에서 차례로 실시하며, 다음 활동장소에서 앞서 실시하는 친구가 활동을 마칠 때까지 기다려야 한다.

③ 5가지 흔들기, 구르기 신체활동을 모두 수행한 유아에게 칭찬카드를 준다.

④ 유아가 스스로 원해서 반복하여 5가지 흔들기, 구르기 신체활동을 수행한다.

⑤ 5가지 흔들기, 구르기 신체활동을 모두 수행할 때마다 칭찬카드를 준다.

⑥ 과도하게 신체활동을 할 수 있으므로 일정한 시간마다 모두 휴식시간을 갖는다.

활동 마무리

오늘 활동 중에 재미있었던 활동이 무엇이었는지, 다시 해보고 싶은 활동은 무엇인지, 힘든 점은 없었는지에 대해 평가한다.

④ 리본테이프로 동그라미 만들기
⑤ 매트에서 옆으로 구르기
③ 긴 스카프로 ∞자 만들기
② 스카프 높이 던지고 받기
① 스카프 둥글게 5번 흔들기

활동 6 던지기, 치기 순환연습 활동

대상연령 만 3~5세

활동목표 여러 가지 신체운동활동을 몸의 힘을 조절하여 바르게 수행한다.
여러 가지 신체운동활동을 스스로 순환반복수행을 한다.

누리과정 관련 요소 신체운동과 건강〉 신체 조절과 기본운동하기〉 신체 조절하기
〉기본운동하기
신체운동과 건강〉 신체활동에 참여하기〉 자발적으로 신체활동에 참여하기

활동자료 공, 풍선 등

활동방법

① 5가지 던지기, 치기 신체활동을 하는 방법을 교사가 시범을 보인다.
② 5가지 던지기, 치기 신체활동은 5곳의 장소에서 차례로 실시하며, 다음 활동장소에서 앞서 실시하는 친구가 활동을 마칠 때까지 기다려야 한다.
③ 5가지 던지기, 치기 신체활동을 모두 수행한 유아에게 칭찬카드를 준다.
④ 유아가 스스로 원해서 반복하여 5가지 던지기, 치기 신체활동을 수행한다.
⑤ 5가지 던지기, 치기 신체활동을 모두 수행할 때마다 칭찬카드를 준다.
⑥ 과도하게 신체활동을 할 수 있으므로 일정한 시간마다 모두 휴식시간을 갖는다.

활동 마무리

오늘 활동 중에 재미있었던 활동이 무엇이었는지, 다시 해보고 싶은 활동은 무엇인지, 힘든 점은 없었는지에 대해 평가한다.

① 평균대 건너가기
② 공을 높이 던지고 받기 3번 반복하기
③ 종이부채로 풍선을 높이치기 3번 하기
④ 공을 바닥으로 치고 받기 3번 하기
⑤ 작은 공을 5개의 구멍에 통과시키기

활동 7 친구와 함께 순환연습 활동

대상연령 만 3~5세

활동목표 여러 가지 신체운동활동을 몸의 힘을 조절하여 바르게 수행한다.

여러 가지 신체운동활동을 스스로 순환반복수행을 한다.

누리과정 관련 요소 신체운동과 건강〉 신체 조절과 기본운동하기〉 신체 조절하기

〉기본운동하기

신체운동과 건강〉 신체활동에 참여하기〉 다른 사람과 함께 신체활동에 참여하기

활동자료 공, 풍선 등

활동방법

① 5가지 친구와 함께 신체활동을 하는 방법을 교사가 시범을 보인다.

② 5가지 친구와 함께 신체활동은 5곳의 장소에서 차례로 실시하며, 다음 활동장소에서 앞서 실시하는 친구가 활동을 마칠 때까지 기다려야 한다.

③ 5가지 친구와 함께 신체활동을 모두 수행한 유아에게 칭찬카드를 준다.

④ 유아가 스스로 원해서 반복하여 5가지 친구와 함께 신체활동을 수행한다.

⑤ 5가지 친구와 함께 신체활동을 모두 수행할 때마다 칭찬카드를 준다.

⑥ 과도하게 신체활동을 할 수 있으므로 일정한 시간마다 모두 휴식시간을 갖는다.

활동 마무리

오늘 활동 중에 재미있었던 활동이 무엇이었는지, 다시 해보고 싶은 활동은 무엇인지, 힘든 점은 없었는지에 대해 평가한다.

⑤ 길따라 친구와 함께 종이버스 타고 달리기
④ 친구와 함께 풍선을 쳐서 3번 주고받기
③ 친구끼리 후프 들어 주고 통과하기
(역할을 바꾸어서 2번 실시)
① 친구와 함께 장애물을 지그재그로 달리기
② 친구와 함께 공 주고받기 3번 하기

4. 유아 신체 게임 활동

1) 만 3세 유아를 위한 신체 게임

활동 1 리듬악기 치고 돌아오기

대상연령 만 3세

활동목표 몸을 재빠르게 움직여서 빨리 달린다.
게임의 규칙을 이해하고 게임에 적극적으로 참여한다.

누리과정 관련 요소 신체운동과 건강〉신체활동에 참여하기〉다른 사람과 함께 신체활동에 참여하기

준비물 큰북, 작은북, 마라카스, 탬버린, 트라이앵글, 캐스터네츠, 리듬막대, 방울막대 등

사전준비 낮은 책상을 길게 놓고 책상 위에 악기를 올려 놓는다.

활동방법

① 유아들을 2팀으로 나누어 앉힌다.

② 책상 위에 있는 악기를 한 가지씩 소리 내는 방법과 이름에 대해 이야기 나누고 소리를 들어 본다.
놓인 악기 중에서 한두 가지를 소리만 들려 주고 어떤 악기인지 맞춰 본다.

③ 양팀에서 유아가 1명씩 나와 출발선에 선다.

④ 출발 신호에 맞추어 가서 한 가지 악기를 들고 친다(몇 번 칠지 정한다). 악기를 친 후 악기는 그 자리에 놓아 두고 다시 출발선으로 돌아온다.

⑤ 먼저 출발선으로 돌아온 유아가 이긴다. 이긴 유아에게 칭찬카드를 준다.

⑥ 게임이 끝난 후 칭찬카드가 많은 팀이 이긴다.

활동 2 인형 안아 주고 친구에게 전달하기

대상연령 만 3세

활동목표 게임의 규칙을 이해하고 게임에 적극적으로 참여한다.

누리과정 관련 요소 신체운동과 건강〉 신체활동에 참여하기〉 다른 사람과 함께 신체활동에 참여하기

준비물 큰 인형 2개(장난감 중 유아들이 좋아하는 것, 헝겊으로 만든 촉감이 좋은 것)

사전준비 모두 함께 앉을 수 있는 원을 바닥에 표시해 둔다.

활동방법

① 유아들 모두 원에 둘러 앉는다.

② 게임방법을 설명하고 선생님이 시범을 보인다.
인형 1개를 모두 한 번씩 안아 주고 친구에게 전달한다.

③ 인형을 한 번씩 안아 준다. 안아 주며 인형에게 언어로 인사한다.

④ 옆 친구에게 인형을 전해 준다.

⑤ 인형을 주고받을 때 던지거나 함부로 하지 않는다.

⑥ 한 유아가 인형을 안아주고 친구에게 인형을 전달하면 선생님은 그 유아를 칭찬한다.
- OO는 참 잘했어요.

⑦ 다른 인형으로 바꾸어서 다시 반복한다.

활동 3 삶은 달걀 주워 오기

대상연령 만 3세

활동목표 몸을 재빠르게 움직여서 빠르게 달린다.
게임의 규칙을 이해하고 게임에 적극적으로 참여한다.

누리과정 관련 요소 신체운동과 건강〉 신체활동에 참여하기〉 다른 사람과 함께 신체활동에 참여하기

준비물 삶은 달걀, 암탉인형과 달걀바구니, 개인용 접시

사전준비 ① 도착선에 암탉인형을 세우고 큰 바구니를 놓는다.
② 삶은 달걀을 큰 바구니 안에 모두 담아 둔다.

활동방법

① 유아들을 2팀으로 나누어 앉힌다.
② 삶은 달걀을 먹어 본 적이 있는지, 어떻게 생겼는지 이야기 나눈다.
③ 게임방법을 설명하고 선생님이 시범을 보인다.
④ 양팀에서 유아가 1명씩 나와 출발선에 선다.
각 유아에게 삶은 달걀을 담을 개인접시를 내어 준다.
⑤ 유아는 개인접시를 들고 암탉바구니에 가서 삶은 달걀 1개씩을 개인접시에 담아 온다.
가져온 삶은 달걀은 선생님이 거두어 놓는다.
⑥ 먼저 출발선으로 삶은 달걀을 가지고 돌아온 유아가 이긴다. 이긴 유아에게 칭찬카드를 준다.
⑦ 게임이 끝난후 칭찬카드가 많은 팀이 이긴다.

유의점/참고

게임에 사용한 삶은 달걀을 다시 씻어서 유아에게 간식으로 제공한다.

활동 4 과일막대를 가져오기

대상연령 만 3세

활동목표 몸을 재빠르게 움직여서 빠르게 달린다.
게임의 규칙을 이해하고 게임에 적극적으로 참여한다.

누리과정 관련 요소 신체운동과 건강〉 신체활동에 참여하기〉 다른 사람과 함께 신체활동에 참여하기

준비물 과일 밭 스티로폼 상자, 과일그림 막대자료

사전준비 과일 밭 스티로폼 상자에 여러 가지 과일막대를 꽂아 놓는다.

활동방법

① 유아들을 2팀으로 나누어 앉힌다.

② 과일 밭에 어떤 과일이 있는지, 내가 좋아하는 과일은 무엇인지 이야기 나눈다. 게임방법을 설명하고 선생님이 시범을 보인다.

③ 양팀에서 유아가 1명씩 나와 출발선에 선다.

④ 유아는 출발 신호에 맞추어 도착선에 있는 과일 밭에서 좋아하는 과일막대를 한 개만 들고 온다.

⑤ 돌아와서 선생님의 쟁반에 과일막대를 담는다.

⑥ 먼저 출발선으로 돌아온 유아가 이긴다. 이긴 유아에게 칭찬카드를 준다.

⑦ 게임이 끝난 후 칭찬카드가 많은 팀이 이긴다.

활동 5 고양이와 쥐

대상연령 만 3세

활동목표 몸을 재빠르게 움직여서 움직이는 울타리를 빠르게 통과한다.
게임의 규칙을 이해하고 게임에 적극적으로 참여한다.

누리과정 관련 요소 신체운동과 건강〉 신체활동에 참여하기〉 다른 사람과 함께 신체활동에 참여하기

준비물 고양이 표시 목걸이, 보물카드, 카드 10개 모음판

사전준비 울타리 안에는 보물카드를 쌓아 놓는다.
쥐들의 카드모음판은 원 밖의 책상 위에 놓는다.

활동방법

① 유아들의 반은 고양이가 되고 나머지 반의 유아는 쥐가 된다.

② 선생님과 고양이가 된 유아들이 원을 만들며 손을 잡는다.

③ 카드모음판을 쥐들에게 1개씩 준다. 자신의 카드모음판은 원 밖의 책상 위에 놓는다.

④ 고양이들은 마주잡은 손을 위로 올려서 쥐들이 울타리 속을 마음대로 드나들 수 있도록 한다.

⑤ 쥐들은 울타리 안과 밖을 다니며 부지런히 카드를 모은다. 한 번에 1개의 카드를 가져와서 카드모음판에 놓을 수 있다.

⑥ 놀이 중에 선생님이 "쥐가 잡혔어." 하고 외치면 고양이들은 울타리를 좁혀서 쥐를 갇히게 한다. 이때 잡힌 쥐들은 고양이가 되어 울타리를 만든다.

⑦ 제일 먼저 자신의 카드모음판에 10개의 카드를 모은 쥐가 이긴다.

⑧ 고양이와 쥐의 역할을 바꾸어서 다시 해본다.

활동 6 공을 가랑이 사이로 전달하기

대상연령 만 3세

활동목표 공을 떨어뜨리지 않고 친구에게 전달한다.
게임의 규칙을 이해하고 게임에 적극적으로 참여한다.

누리과정 관련 요소 신체운동과 건강〉 신체활동에 참여하기〉 다른 사람과 함께 신체활동에 참여하기

준비물 공

사전준비 유아들을 서로 상대의 뒷모습을 보도록 줄을 서게 한다.

활동방법

① 유아 2팀으로 나누어서 2줄로 줄을 세운다.
② 유아간 간격을 넓혀서 모두 살짝 엎드린다.
③ 처음에 서 있는 유아가 공을 다음 유아에게 가랑이 사이로 전달한다.
④ 다음 유아는 그 다음 유아에게 가랑이 사이로 공을 전달한다.
⑤ 공이 끝의 유아까지 다 전달되면 끝에 서 있는 유아가 "다 왔다."를 외친다.
⑥ "다 왔다."를 먼저 외친 팀이 이긴다.
⑦ 다음 게임은 규칙을 바꾸어서 한다. 모두 손을 위로 올려서 공을 각 유아의 머리 위로 전달하게 한다.

활동 7 팥주머니 씨뿌리기

대상연령 만 3세

활동목표 몸을 조정하여 원하는 곳에 팥주머니를 놓을 수 있다.
게임의 규칙을 이해하고 게임에 적극적으로 참여한다.

누리과정 관련 요소 신체운동과 건강〉 신체활동에 참여하기〉 다른 사람과 함께 신체활동에 참여하기

준비물 팥주머니, 바구니

사전준비 씨 뿌리는 곳을 바닥에 각 팀 4개씩 표시한다.

활동방법

① 유아들을 2팀으로 나누어 앉힌다.
② 게임방법을 설명하고 선생님이 시범을 보인다.
③ 양팀에서 유아가 1명씩 나와 출발선에 선다.
각 유아에게 바구니에 4개의 팥주머니를 담아서 내어 준다.
④ 유아는 표시된 4곳에 팥주머니를 놓으며 달려서 목표물을 돌아온다.
⑤ 먼저 출발선으로 돌아온 유아가 이긴다. 이긴 유아에게 칭찬카드를 준다.
⑥ 그 다음 유아는 표시된 4곳에 있는 팥주머니를 바구니에 걷으며 달려서 목표물을 돌아온다.
⑦ 먼저 출발선으로 돌아온 유아가 이긴다. 이긴 유아에게 칭찬카드를 준다.
⑧ 게임이 끝난 후 칭찬카드가 많은 팀이 이긴다.

활동 8 시냇물 건너기

대상연령 만 3세

활동목표 몸을 조정하여 시냇물 사이를 뛰어 넘는다.
게임의 규칙을 이해하고 게임에 적극적으로 참여한다.

누리과정 관련 요소 신체운동과 건강〉신체활동에 참여하기〉다른 사람과 함께 신체활동에 참여하기

준비물 없음

사전준비 시냇물과 뛰어 넘는 곳을 표시한다.

활동방법

① 유아들을 2팀으로 나누어 시냇물을 사이에 두고 두 편으로 앉힌다.

② 게임방법을 설명하고 선생님이 시범을 보인다.

③ 양팀에서 유아가 1명씩 나와 출발선에 선다.

④ 유아는 시냇물 좁은 쪽에서 시작해서 표시된 곳마다 시냇물을 뛰어 넘는다. 목표물을 돌아서 출발선으로 돌아온다.

⑤ 먼저 출발선으로 돌아온 유아가 이긴다. 이긴 유아에게 칭찬카드를 준다.

⑥ 게임이 끝난 후 칭찬카드가 많은 팀이 이긴다.

활동 9 모자로 공을 옮겨요

대상연령 만 3세

활동목표 몸을 조정하여 공을 떨어뜨리지 않고 달린다.

누리과정 관련 요소 신체운동과 건강〉 신체활동에 참여하기〉 다른 사람과 함께 신체활동에 참여하기

준비물 공, 종이모자

사전준비 위가 뚫린 종이모자를 2개 만든다.

활동방법

① 유아들을 2팀으로 나누어 앉힌다. 출발선 맞은 편에 오뚝이를 세운다.

② 게임방법을 설명하고 선생님이 시범을 보인다.

③ 양팀에서 유아가 1명씩 나와 출발선에 선다. 종이모자를 쓰고 공을 모자 위에 올려 놓는다.

④ 모자에 손을 대지 않고 공을 떨어뜨리지 않으면서 오뚝이를 돌아온다. 공이 떨어지면 그 자리에서 올려 놓고 다시 시작한다.

⑤ 먼저 출발선으로 돌아온 유아가 이긴다. 이긴 유아에게 칭찬카드를 준다.

⑥ 게임이 끝난 후 칭찬카드가 많은 팀이 이긴다.

활동 10 코끼리와 코뿔소

대상연령 만 3세

활동목표 빠르게 몸을 움직여서 친구를 피하거나 잡는다.
게임의 규칙을 이해하고 게임에 적극적으로 참여한다.

누리과정 관련 요소 신체운동과 건강〉 신체활동에 참여하기〉 다른 사람과 함께 신체활동에 참여하기

준비물 없음

사전준비 놀이실이나 바깥놀이터에 가운데 선을 긋는다.
가운데 선과 평행하도록 양쪽으로 대기선을 그린다.

활동방법

① 유아들을 코끼리팀과 코뿔소팀으로 나누어 양쪽 대기선에 서게 한다.

② 선생님이 게임의 규칙을 설명해 준다.

③ 선생님이 “코끼리” 하고 말하면 코끼리 편의 유아들은 상대편 유아들을 붙잡는다. 이때 뒤에 그어 둔 선까지 도망친 유아들은 잡을 수 없다.

④ 교사가 “코뿔소” 하고 말하면 코뿔소 편의 유아들은 상대편 유아들을 붙잡는다. 이때 뒤에 그어 둔 선까지 도망친 유아들은 잡을 수 없다.

⑤ “코끼리”, “코뿔소” 하고 말할 때 “코-”를 길게 발음하다가 “끼리” 하거나 “뿔소”라고 외치면 더욱 즐겁게 진행할 수 있다.

⑥ 붙잡힌 유아는 잡힌 편이 되어서 계속 놀이를 한다.

2) 만 4, 5세 유아를 위한 신체 게임

활동 11 부르는 수 만큼 모이기

대상연령 만 4, 5세

활동목표 부르는 수의 수량을 안다.
게임의 규칙을 이해하고 게임에 적극적으로 참여한다.

누리과정 관련 요소 신체운동과 건강〉 신체활동에 참여하기〉 다른 사람과 함께 신체활동에 참여하기

준비물 탬버린, 신나는 음악

사전준비 없음

활동방법

① 유아들에게 경쾌한 음악을 들려주고, 자유롭게 몸을 움직이게 한다.

② 도중에 음악을 멈추거나 탬버린 등의 악기로 신호를 보내면 움직이지 않는다. 이때 선생님이 큰소리로 숫자를 외친다(2~9 사이의 수를 부른다).

③ 숫자만큼의 유아가 한 동아리로 모여서 앉는다.

④ 동아리를 찾지 못한 유아들을 선생님이 위로한다(이번에 동아리를 못 찾았구나. 다음에는 찾을 수 있을 거야). 동아리를 찾지 못한 유아도 빠지지 않고 활동을 계속한다.

⑤ 다시 유아들에게 경쾌한 음악을 들려 주고 자유롭게 몸을 움직이게 한다.

⑥ 도중에 음악을 멈추거나 탬버린 등의 악기로 신호를 보내면 움직이지 않는다. 이때 선생님이 큰 소리로 숫자를 외친다(모두가 짝을 찾을 수 있는 수를 짝을 찾을 수 없는 수보다 많이 여러 번 부른다).

⑦ 숫자만큼의 유아가 한 동아리로 모여서 앉는다.

연계/확장방법

선생님이 숫자를 말하지 않고 손가락으로 표현할 수 있다.

활동 12 다리 놓아 주기

대상연령 만 4, 5세

활동목표 몸을 빠르게 움직여서 친구에게 다리를 놓아 준다.
게임의 규칙을 이해하고 게임에 적극적으로 참여한다.

누리과정 관련 요소 신체운동과 건강〉 신체활동에 참여하기〉 다른 사람과 함께 신체활동에 참여하기

준비물 우레탄블록 4개, 깃발

사전준비 출발선 맞은 팀에 깃발을 세운다.

활동방법

① 유아들을 2팀으로 나누어 앉힌다.

② 게임방법을 설명하고 선생님과 유아가 시범을 보인다.

③ 양팀에서 유아가 2명씩 나와 출발선에 선다.
각 팀에게 블록 2개씩을 내어 준다.

④ 블록 2개로 한 유아가 다리를 놓아 준다. 다른 유아는 다리를 건너간다.

⑤ 도착점의 깃발을 돌아올 때는 서로의 역할을 바꾸어서 한다.

⑥ 먼저 출발선으로 돌아온 팀이 이긴다. 이긴 팀에게 칭찬카드를 준다.

⑦ 게임이 끝난 후 칭찬카드가 많은 팀이 이긴다.

활동 13 물풍선 옮기기

대상연령 만 4, 5세

활동목표 손의 힘을 조절하여 물풍선을 터지지 않게 잡는다.
게임의 규칙을 이해하고 게임에 적극적으로 참여한다.

누리과정 관련 요소 신체운동과 건강〉 신체활동에 참여하기〉 다른 사람과 함께 신체활동에 참여하기

준비물 물풍선, 바구니, 호루라기(물풍선의 물은 절반만 넣어야 터지지 않는다.)

사전준비 유아들에게 미리 물풍선을 내어 주고 탐색하게 하여서 게임을 할 때 유아들이 물풍선을 낯설어 하지 않도록 한다.
출발선 양 쪽에 물풍선이 든 바구니를 놓고 끝에는 빈 바구니를 놓는다.

활동방법

① 유아들을 2팀으로 나누어 줄을 선다.

② 게임방법을 설명하고 선생님이 시범을 보인다.

③ 게임을 시작하면 줄의 첫번째 유아가 물풍선을 한 개씩 두 번째 유아에게 전달한다.

④ 두 번째 유아는 세 번째 유아에게 물풍선을 전달한다. 다음 사람에게 계속 전달하여 마지막 유아는 물풍선을 바구니에 담는다.

⑤ 게임이 끝난 후 먼저 물풍선을 터뜨리지 않고 모두 옮긴 팀이 이긴다.

유의점

① 물풍선이 터지지 않게 바구니를 매끈하고 큰 것을 준비해야 한다.

② 물풍선 1개에 물을 1/3 넣고, 나머지 부분은 바람을 불어서 준비한다.

활동 14 장애물 사이를 지그재그로 달리기

대상연령 만 4, 5세

활동목표 몸을 조절하여 달리면서 장애물을 피하여 방향을 바꾼다.
게임의 규칙을 이해하고 게임에 적극적으로 참여한다.

누리과정 관련 요소 신체운동과 건강〉 신체활동에 참여하기〉 다른 사람과 함께 신체활동에 참여하기

준비물 없음

사전준비 4개의 장애물을 두 줄로 배치한다.

활동방법

① 유아들을 2팀으로 나누어 한 줄로 서게 한다.
② 게임방법을 설명하고 선생님이 시범을 보인다.
장애물 사이사이를 지나가며 달리는 방법을 보여 준다.
③ 선생님이 출발 신호를 보내면 한 사람씩 출발한다.
④ 유아들이 장애물 사이를 지그재그로 통과하여 목표물을 돌아서 출발선으로 돌아온다.
⑤ 먼저 출발선으로 돌아온 유아가 이긴다. 이긴 유아에게 칭찬카드를 준다.
⑥ 이렇게 반복해서 모두 지그재그로 달려 본다.
⑦ 게임이 끝난 후 칭찬카드가 많은 팀이 이긴다.

활동 15 방울 딸랑이 빼앗기

대상연령 만 4, 5세

활동목표 몸을 민첩하게 움직여서 친구들을 피한다.
게임의 규칙을 이해하고 게임에 적극적으로 참여한다.

누리과정 관련 요소 신체운동과 건강〉 신체활동에 참여하기〉 다른 사람과 함께 신체활동에 참여하기

준비물 방울 딸랑이

활동방법

① 모두 함께 게임에 참여한다.

② 유아 3명 중 한 명의 비율로 방울 딸랑이를 준다.

③ 방울 딸랑이를 갖고 있는 유아는 언제나 도망쳐야 하고, 만일 방울 딸랑이를 가지고 있지 않은 유아가 몸의 일부라도 건드리면 곧 방울 딸랑이를 넘겨 준다.

④ 시작하고 2분 후 멈춤 신호를 보내면 모두 놀이를 중지한다.

⑤ 게임이 끝난 후 방울 딸랑이를 가지고 있는 유아들에게 칭찬카드를 준다.

⑥ 여러 번의 반복게임 후에 칭찬카드를 많이 가지고 있는 유아를 오늘의 선수로 정한다.

활동 16 발로 밟아서 풍선 터트리기

대상연령 만 4, 5세

활동목표 몸을 민첩하게 움직여서 친구들을 피한다.
게임의 규칙을 이해하고 게임에 적극적으로 참여한다.

누리과정 관련 요소 신체운동과 건강〉 신체활동에 참여하기〉 다른 사람과 함께 신체활동에 참여하기

준비물 2가지 색의 풍선을 불어서 고무밴드를 달아 놓는다.

사전준비 교실 한 팀에 큰 원을 그려서 쉼터(쉬는 곳)를 만든다.

활동방법

① 유아들을 두 팀으로 나눈다.

② 2가지 색을 각 팀에 배분하여 팀 색깔 풍선을 나누어 준다.
풍선은 고무밴드로 발에 묶는다.

③ 선생님이 신호를 하면, 자기 팀 풍선을 보호하고 상대팀 풍선은 발로 밟아서 터트린다.

④ 이때 쉬고 싶은 사람은 쉼터로 들어간다(쉼터에서는 자기 풍선도, 상대방의 풍선도 터트리지 않는다. 잠시 쉬어야지 계속 머무를 수 없다).
⑤ 선생님의 멈춤 신호에 따라 동작을 멈추고, 어느 팀의 풍선이 더 많이 남아 있는지 비교한다. 자기 팀 풍선이 많은 팀이 이긴다.

유의점/참고

① 터진 풍선을 즉시 모두 다 같이 치운다.
② 유아들이 터진 풍선을 가지고 놀면 위험하므로 빠짐없이 치운다.

활동 17 꼬마 피구

대상연령 만 4, 5세

활동목표 몸을 민첩하게 움직여서 친구들을 피한다.
게임의 규칙을 이해하고 게임에 적극적으로 참여한다.

누리과정 관련 요소 신체운동과 건강〉 신체활동에 참여하기〉 다른 사람과 함께 신체활동에 참여하기

준비물 공

사전준비 교실 바닥에 큰 원을 그린다.

활동방법

① 커다란 원을 그리고 그 안에 유아들을 들어가게 한다.
② 선생님 2명이 공을 바닥으로 굴려서 유아들의 다리와 발을 맞춘다.
③ 선생님이 굴린 공에 다리를 맞은 유아는 원 밖으로 나와서 선생님과 함께 공을 굴려서 친구들을 맞춘다.
④ 모든 유아들을 맞출 때까지 게임을 진행한다.
⑤ 게임에 익숙해지면 공굴리는 사람을 선생님이 하지 않고 유아들이 하도록 한다.

유의점

공을 바닥에 굴리지 않으면 공을 높이 던져 유아들의 몸에 맞아서 위험하므로 공을 꼭 바닥으로 굴린다.

활동 18 발로 공 전달하기

대상연령 만 4, 5세

활동목표 다리와 발의 힘을 조정하여 공을 움직인다.
게임의 규칙을 이해하고 게임에 적극적으로 참여한다.

누리과정 관련 요소 신체운동과 건강 〉 신체활동에 참여하기 〉 다른 사람과 함께 신체활동에 참여하기

준비물 공

사전준비 없음

활동방법

① 6, 7명이 한 조가 된다.
② 각 팀은 원을 만들어서 엉덩이를 바닥에 대고 두 팔을 뒤로 해서 바닥에 대고 두 발은 원 안으로 뻗는다.
③ 시작하는 유아에게 공을 내어 준다.
④ 시작 신호를 하면 각조 별로 옆사람에게 발을 이용하여 공을 전달한다.
⑤ 한 바퀴를 다돌면 시작하는 유아가 공을 잡아서 선생님께 전달한다.
⑥ 선생님에게 공을 먼저 전달한 팀이 이긴다.

활동 19 장애물 달리기

대상연령 만 4, 5세

활동목표 몸을 민첩하게 움직여서 장애물을 피한다.
게임의 규칙을 이해하고 게임에 적극적으로 참여한다.

누리과정 관련 요소 신체운동과 건강〉 신체활동에 참여하기〉 다른 사람과 함께 신체활동에 참여하기

준비물 종이블록 6개

사전준비 2개의 출발선 앞으로 달려 넘어갈 장애물을 설치한다.
첫 번째 장애물은 블록 1개, 두 번째 장애물은 블록 2개를 겹쳐 설치한다.

활동방법

① 유아들을 2팀으로 나누어서 양 옆 의자에 앉힌다.

② 2팀에서 1명씩 나와서 게임을 한다.

③ 출발하여 두 군데 장애물을 달려 넘고 목표물을 돌아서 출발선으로 돌아온다.

④ 먼저 들어오는 유아가 이긴다. 이긴 유아에게 칭찬카드를 1장씩 준다.

⑤ 게임이 모두 진행된 뒤, 칭찬카드가 많은 팀이 이긴다.

연계/확장방법

게임이 익숙해지면 팀별로 전달막대를 주고 릴레이 게임으로 진행한다.

활동 20 발로 하는 가위바위보 이기고 돌아오기

대상연령 만 4, 5세

활동목표 가위바위보 규칙을 안다.
게임의 규칙을 이해하고 게임에 적극적으로 참여한다.

누리과정 관련 요소 신체운동과 건강〉신체활동에 참여하기〉다른 사람과 함께 신체활동에 참여하기

준비물 없음

사전준비 유아들과 발로 하는 가위바위보 방법을 익힌다.

활동방법

① 유아들을 2팀으로 나누어서 양 옆 의자에 앉힌다.

② 도착점에 의자를 놓고 각 팀에서 가위바위보 선수를 1명씩 정하여 앉힌다.
가위바위보 선수가 의자에 앉을 때는 자기 팀 의자가 아닌 상대 팀 의자에 앉는다.

③ 2팀에서 1명씩 나와서 게임을 한다.

④ 출발선에서 출발하여 도착점까지 달려가서 상대 팀 가위바위보 선수와 발로 가위바위보를 한다. 가위바위보 선수는 앉아서 발로 하는 가위바위보를 한다.
이기면 출발선으로 돌아오고, 지면 이길 때까지 가위바위보를 반복한다.

⑤ 발로 하는 가위바위보를 이기고 출발선까지 먼저 되돌아오는 유아가 이긴다.
이긴 유아에게 칭찬카드를 1장씩 준다.

⑥ 게임이 모두 진행된 뒤, 칭찬카드가 많은 팀이 이긴다.

유의점/참고

유아들이 발로 하는 가위바위보를 할 때 맞는 승부를 하는지 선생님이 특별히 주의 깊게 살펴본다.

연계/확장방법

게임이 익숙해지면, 팀별로 전달막대를 주고 릴레이 게임으로 진행한다.

활동 21 풍선 꼬리 떼어오기

대상연령 만 4, 5세

활동목표 몸을 민첩하게 움직여서 친구들을 피한다.
게임의 규칙을 이해하고 게임에 적극적으로 참여한다.

누리과정 관련 요소 신체운동과 건강〉 신체활동에 참여하기〉 다른 사람과 함께 신체활동에 참여하기

준비물 풍선(팀 수만큼), 고무줄, 가는 실, 신호악기

사전준비 유아들의 허리둘레에 맞게 고무줄을 준비한다.
허리 고무줄에 쉽게 떼어지도록 가는 실을 한 줄만 이용하여 풍선을 매단다.

활동방법

① 게임을 할 수 있도록 양팀의 수가 같게 나눈다.
② 각 팀은 앞사람의 허리를 잡고 일렬로 선다.
③ 맨 마지막 유아의 허리에 고무줄을 매어주고, 고무줄에 풍선을 달아 준다.
④ 시작 신호와 함께 맨 앞사람은 상대 팀의 꼬리에 달린 풍선을 잡아서 떼어 온다. 먼저 풍선을 떼어오는 팀이 이긴다. 잡다가 풍선을 터뜨려도 이긴다.

활동 22 신문지를 접어서 둘이 올라가기

대상연령 만 4, 5세

활동목표 게임의 규칙을 이해하고 게임에 적극적으로 참여한다.

누리과정 관련 요소 신체운동과 건강〉 신체활동에 참여하기〉 다른 사람과 함께 신체활동에 참여하기

준비물 신문지

사전준비 없음

활동방법

① 2명씩 짝을 짓는다.

② 각 팀에 신문지 1장씩을 나누어 주고, 신문지를 바닥에 펴서 2명이 올라선다.

③ 두 팀이 가위바위보를 해서 진 팀은 자기 팀 신문지를 반으로 접고 다시 2명이 올라선다.

④ 다시 가위바위보를 해서 진 팀의 신문지를 반으로 접은 후 2명이 올라선다. 신문지를 접다가 좁아지면 1명이 친구를 업고 올라갈 수 있다.

⑤ 신문지를 접어서 올라서다 신문지 밖으로 발이 나오거나 쓰러지는 팀이 진다.

⑥ 익숙해지면 3명, 4명씩 짝을 지어 게임을 한다.

활동 23 다람쥐 집 바꾸기

대상연령 만 4, 5세

활동목표 빠르게 몸을 움직여 다람쥐집 을 찾아간다.

게임의 규칙을 이해하고 게임에 적극적으로 참여한다.

누리과정 관련 요소 신체운동과 건강〉 신체활동에 참여하기〉 다른 사람과 함께 신체활동에 참여하기

준비물 없음

사전준비 없음

활동방법

① 3명이 한 팀이 되어 2명은 마주 서서 손을 잡아 나무가 되고, 나머지 1명은 그 가운데 들어가서 다람쥐가 된다.

② 게임방법을 설명하고 선생님이 시범을 보인다.

③ 다람쥐가 나무 속에서 놀고 있다가 선생님이 탬버린을 울리면 다람쥐는 자기 구멍에서 나와 다른 나무 속에 들어가야 한다.

④ 또 다람쥐가 나무 속에서 놀고 있다가 선생님이 탬버린을 울리면 다람쥐는 자기 구멍에서 나와 다른 나무 속에 들어가야 한다.
이때 선생님도 나무 속으로 들어가면 유아 한 명이 들어가지 못하게 되고, 들어가지 못한 유아가 탬버린을 친다.

⑤ 나무가 된 유아와 다람쥐가 된 유아들의 역할을 바꾸어 가며 놀이를 진행한다.

활동 24 종이부채로 풍선 넘기기

대상연령 만 4, 5세

활동목표 팔과 손의 힘을 조절하여 풍선을 앞으로 친다.
게임의 규칙을 이해하고 게임에 적극적으로 참여한다.

누리과정 관련 요소 신체운동과 건강> 신체활동에 참여하기> 다른 사람과 함께 신체활동에 참여하기

준비물 풍선, 종이부채

사전준비 줄을 높이 단다. 바닥에도 경계선을 표시한다.

활동방법

① 유아들을 2팀으로 나누어서 수를 맞추고, 줄의 양쪽에 서게 한다.

② 각 유아들에게 종이부채 1개, 풍선 1개씩 내어 준다.

③ 시작 신호가 나면, 서로 자기 팀 풍선을 줄을 넘겨서 상대 팀으로 부채로 부쳐서 보낸다. 손을 사용하면 반칙이다.

④ 선생님이 멈춤 신호를 보내면, 모두 행동을 멈춘다.
자기 팀 영역에 남아 있는 풍선이 몇 개 있는지 세어 본다.

⑤ 자기 팀 영역에 남아 있는 풍선이 적은 팀이 이긴다.

활동 25 신문지 옷 잡기

대상연령 만 4, 5세

활동목표 몸을 빠르게 움직여서 신문지 옷을 잡을 수 있다.
게임의 규칙을 이해하고 게임에 적극적으로 참여한다.

누리과정 관련 요소 신체운동과 건강〉 신체활동에 참여하기〉 다른 사람과 함께 신체활동에 참여하기

준비물 신문지

사전준비 신문지의 가운데를 둥글게 찢어서 신문지 옷을 만든다(신문지 옷이 찢어질 경우를 대비하여 여분의 신문지 옷 준비).

활동방법

① 유아들을 2팀으로 나누어 앉힌다.
② 게임방법을 설명하고 선생님이 시범을 보인다.
모든 유아가 신문지 옷을 입는다.
③ 양팀에서 유아가 2명씩 2팀(4명)이 나와 마주 선다.
시작이 되면 서로 달려 다니며 자기 신문지 옷과 자기 팀 친구 신문지 옷은 찢기지 않도록 보호하면서 다른 팀 친구의 신문지 옷을 찢는다.
④ 먼저 상대팀 신문지 옷을 모두 찢으면 이긴다. 이긴 팀에게 칭찬카드를 준다.
⑤ 다시 양팀에서 2명씩 2팀(4명)이 마주선다. 게임을 시작한다.
⑥ 게임이 끝난 후 칭찬카드가 많은 팀이 이긴다.

활동 26 볼링놀이

대상연령 만 4, 5세

활동목표 볼링공의 진행방향을 조절하여 볼링핀을 맞출 수 있다.
게임의 규칙을 이해하고 게임에 적극적으로 참여한다.

누리과정 관련 요소 신체운동과 건강〉 신체활동에 참여하기〉 다른 사람과 함께 신체활동에 참여하기

준비물 볼링공, 볼링핀(깡통이나 프라스틱 콜라병을 꾸며서 볼링핀을 대신할 수 있다), 볼링핀을 쉽게 세울 수 있게 삼각 모양의 고리를 준비한다.

사전준비 볼링핀을 10개 나란히 세워 놓는다.

활동방법

① 유아들을 2팀으로 나누어 앉힌다.

② 게임방법을 설명하고 선생님이 시범을 보인다.

③ 양팀에서 유아가 1명씩 나와 출발선에 선다. 볼링공을 각자 3개씩 내어 준다.

④ 신호가 울리면 첫 번째 볼링공을 바닥으로 굴려서 볼링핀을 맞춘다.

⑤ 몇 개의 볼링핀이 쓰러졌는지 세어 본다.

⑥ 두 번째 볼링공을 바닥으로 굴려서 쓰러지지 않은 볼링핀을 맞춘다.
세 번째 볼링공을 바닥으로 굴려서 쓰러지지 않은 볼링핀을 맞춘다.
10개의 볼링핀이 다 쓰러질 때까지 공을 굴린다.

⑦ 볼링공을 많이 쓰러뜨리는 유아가 이긴다. 이긴 유아에게 칭찬카드를 준다.

⑧ 게임이 끝난 후 칭찬카드가 많은 팀이 이긴다.

유의점

쓰러진 볼링핀을 모아서 세우는 도움친구 유아를 양팀에 1명씩 배치한다.

활동 27 은행잎 뒤집기

대상연령 만 4, 5세

활동목표 몸을 민첩하게 움직여서 빠르게 은행잎을 뒤집는다.
게임의 규칙을 이해하고 게임에 적극적으로 참여한다.

누리과정 관련 요소 신체운동과 건강〉 신체활동에 참여하기〉 다른 사람과 함께 신체활동에 참여하기

준비물 양면이 다른 색 은행잎 20개(앞면은 노란색, 뒷면은 초록색)

사전준비 바닥에 은행잎 10개는 노란색, 나머지 10개는 초록색이 보이도록 놓는다.

활동방법

① 유아들을 2팀으로 나누어 앉힌다.

② 게임방법을 설명하고 선생님이 시범을 보인다.

③ 2팀의 색깔을 정한다.

④ 선생님이 신호를 보내면 각 팀에서 5명씩 가운데로 나아가서 자기편 색 은행잎이 많도록 상대편 색 은행잎을 뒤집도록 한다.
⑤ 게임시간이 지난 뒤 선생님이 멈춤 신호를 보내면 모두 자기 자리로 돌아간다.
⑥ 노란색 은행잎이 많이 보이는지, 초록색 은행잎이 많이 보이는지 수를 세어 본다.
⑦ 자기 팀 색 은행잎이 많이 보이는 팀이 이긴다.

5. 유아의 음률동작활동

1) 만 3세 유아를 위한 음률동작

활동 1 영아체조

대상연령 만 3세

활동목표 음악에 맞추어, 지시하는 신체동작을 연속적으로 실시하여 신체활동을 즐긴다.
음악에 맞추어, 다양한 신체동작으로 자신의 생각과 느낌을 표현한다.

누리과정 관련 요소 신체운동과 건강〉신체활동에 참여하기〉자발적으로 신체활동에 참여하기
예술경험〉예술적 표현하기〉움직임과 춤으로 표현하기

준비물 노래가 녹음된 음악 테이프

사전준비 노래를 미리 여러 번 들려주어 유아들에게 익숙하게 한다.
자유롭게 선다.

활동방법

① 노랫말이 지시하는 신체동작을 하나씩 나누어서 유아들과 연습한다.
손을 앞으로 쭉쭉 뻗어 오른쪽 왼쪽 흔들어봐 – 손을 뻗어 흔든다.
하나 둘 셋 넷 발을 굴려 쿵쿵쿵쿵 굴려 봐요 – 발을 번갈아 구르면서 걸어 다닌다.
엄마랑 아빠랑 함께해요 – 주위에 있는 친구나 엄마 아빠랑 2~3명이 양손을 잡고 둥글게 마주 본다.
엉덩이도 씰룩씰룩 – 손을 잡고 모두 엉덩이를 씰룩씰룩 흔든다.

② 노래를 들으면서 동작을 지시하는 노랫말에 맞추어 몸을 움직인다.
유아들이 익숙해질 때까지 교사가 천천히 노래를 부르면서, 유아가 천천히 지시하는 신체동작을 수행할 수 있도록 여러 번 연습한다.

③ 유아들이 익숙해지면 음악 테이프로 노래를 들으며, 음악에 맞추어 신체동작을 수행하도록 한다.

영아체조

김은경 작사
김은경 작곡

활동 2 옆에 옆에

대상연령 만 3세

활동목표 음악에 맞추어, 지시하는 신체동작을 연속적으로 실시하여 신체활동을 즐긴다.

음악에 맞추어, 다양한 신체동작으로 자신의 생각과 느낌을 표현한다.

누리과정 관련 요소 신체운동과 건강〉신체활동에 참여하기〉자발적으로 신체활동에 참여하기

예술경험〉예술적 표현하기〉움직임과 춤으로 표현하기

준비물 노래가 녹음된 음악 테이프

사전준비 노래를 미리 여러 번 들려주어 유아들에게 익숙하게 한다.

2명씩 짝을 지어 선다.

활동방법

① 노랫말이 지시하는 신체동작을 하나씩 나누어서 유아들과 연습한다.

유아 2명이 마주보고 손을 잡는다.

옆에 옆에 옆에 무릎 굽히고 – 2명이 마주보고 손 잡고 오른쪽으로 2걸음 걸어가서 무릎을 굽힌다.

옆에 옆에 옆에 무릎 굽히고 – 2명이 마주보고 손 잡고 왼쪽으로 2걸음 걸어가서 무릎을 굽힌다.

뒤로 가세요 뒤로 가세요 – 각자 뒤쪽으로 4걸음 걸어간다.

빨리 뛰어와 인사하세요 – 각자 앞으로 뛰어와 인사를 한다.

② 노래를 들으면서 동작을 지시하는 노랫말에 맞추어 몸을 움직인다.

유아들이 익숙해질 때까지 교사가 천천히 노래를 부르면서, 유아가 천천히 지시하는 신체동작을 수행할 수 있도록 여러 번 연습한다.

③ 유아들이 익숙해지면 음악 테이프로 노래를 들으며, 음악에 맞추어 신체동작을 수행하도록 한다.

옆에 옆에

외국 곡

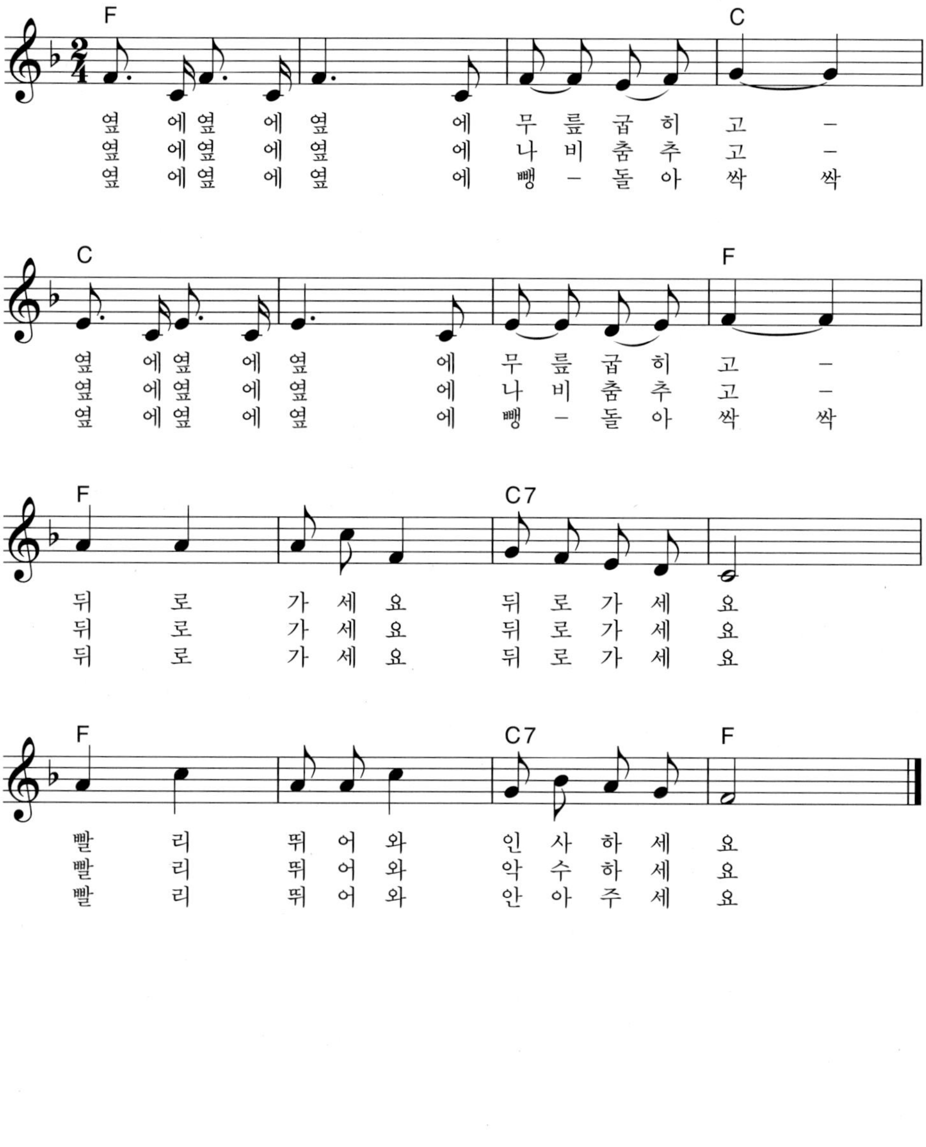
F C
옆 에옆 에 옆 에 무 릎 굽 히 고 –
옆 에옆 에 옆 에 나 비 춤 추 고 –
옆 에옆 에 옆 에 빵 – 돌 아 싹 싹
C F
옆 에옆 에 옆 에 무 릎 굽 히 고 –
옆 에옆 에 옆 에 나 비 춤 추 고 –
옆 에옆 에 옆 에 빵 – 돌 아 싹 싹
F C7
뒤 로 가 세 요 뒤 로 가 세 요
뒤 로 가 세 요 뒤 로 가 세 요
뒤 로 가 세 요 뒤 로 가 세 요
F C7 F
빨 리 뛰 어 와 인 사 하 세 요
빨 리 뛰 어 와 악 수 하 세 요
빨 리 뛰 어 와 안 아 주 세 요

활동 3 오른팔 들고 왼팔 들고

대상연령 만 3세

활동목표 음악에 맞추어, 지시하는 신체동작을 연속적으로 실시하여 신체활동을 즐긴다.

음악에 맞추어, 다양한 신체동작으로 자신의 생각과 느낌을 표현한다.

누리과정 관련 요소 신체운동과 건강〉신체활동에 참여하기〉자발적으로 신체활동에 참여하기

예술경험〉예술적 표현하기〉움직임과 춤으로 표현하기

준비물 노래가 녹음된 음악 테이프

사전준비 노래를 미리 여러 번 들려주어 유아들에게 익숙하게 한다.

모두 원으로 선다.

활동방법

① 노랫말이 지시하는 신체동작을 하나씩 나누어서 유아들과 연습한다.

오른팔 들고 왼팔도 들고 – 오른팔과 왼팔을 차례로 치켜든다.

뚝딱뚝딱 뚝딱뚝딱 망치질 하자 – 두 손으로 망치를 잡고 망치질하는 동작을 한다.

땅을 한 번 보고 하늘 한 번 보고 – 허리를 굽혀 바닥을 보고, 허리를 뒤로 젖혀서 하늘을 본다.

두 어깨 힘을 빼고 으쓱으쓱 – 어깨를 내렸다 올렸다 동작을 한다.

② 노래를 들으면서 동작을 지시하는 노랫말에 맞추어 몸을 움직인다.

유아들이 익숙해질 때까지 교사가 천천히 노래를 부르면서, 유아가 천천히 지시하는 신체동작을 수행할 수 있도록 여러 번 연습한다.

③ 유아들이 익숙해지면 음악 테이프로 노래를 들으며, 음악에 맞추어 신체동작을 수행하도록 한다.

④ 유아들이 음악과 신체동작에 익숙해지면, 유아들과 의논하여 노랫말의 일부를 바꾸어서 움직인다.

'망치질하자' 노랫말을 '세수를 하자', '박수를 치자'로 지시 말을 바꾸어서 실시한다.

오른팔 들고 왼팔 들고

오 른팔 – 들 고 왼 –팔 도 들 고
땅 을한 번 보 고 하 늘한 번 보 고
뚝 딱뚝 딱 뚝 딱뚝 딱 망 치질 하 자
두 –어 깨 힘 을빼 고 으 쓱으 – 쓱
오 른팔 – 들 고 왼 –팔 도 들 고
땅 을한 번 보 고 하 늘한 번 보 고
뚝 딱뚝 딱 뚝 딱뚝 딱 망 치질 하 자
두 –어 깨 힘 을빼 고 으 쓱으 – 쓱

2) 만 4, 5세 유아를 위한 음률동작

활동 4 둘이 살짝

대상연령 만 4세

활동목표 음악에 맞추어, 지시하는 신체동작을 연속적으로 실시하여 신체활동을 즐긴다.
음악에 맞추어, 다양한 신체동작으로 자신의 생각과 느낌을 표현한다.

누리과정 관련 요소 신체운동과 건강〉신체활동에 참여하기〉자발적으로 신체활동에 참여하기
예술경험〉예술적 표현하기〉움직임과 춤으로 표현하기

준비물 노래가 녹음된 음악 테이프

사전준비 노래를 미리 여러 번 들려주어 유아들에게 익숙하게 한다.
2명씩 짝을 지어 선다.

활동방법

① 노랫말이 지시하는 신체동작을 하나씩 나누어서 유아들과 연습한다.
둘이 살짝 손 잡고 오른쪽으로 돌아요 – 2명 마주보고 두 손을 잡고 오른쪽으로 돈다.
둘이 살짝 손 잡고 왼쪽으로 돌아요 – 2명 마주보고 두 손을 잡고 왼쪽으로 돈다.
내 무릎 치고 내 어깨 치고 – 각자 두 손으로 무릎을 2번치고 어깨를 2번 친다.
내 손뼉 치고 네 손뼉 치고 – 각자 두손으로 자기 손뼉을 2번치고, 서로의 손뼉을 2번 친다.
둘이 살짝 손 잡고 오른쪽으로 돌아요 – 2명 마주보고 두손을 잡고 오른쪽으로 돈다.
둘이 살짝 손 잡고 왼쪽으로 돌아요 – 2명 마주보고 두손을 잡고 왼쪽으로 돈다.

② 노래를 들으면서 동작을 지시하는 노랫말에 맞추어 몸을 움직인다.
유아들이 익숙해질 때까지 교사가 천천히 노래를 부르면서, 유아가 천천히 지시하는 신체동작을 수행할 수 있도록 여러 번 연습한다.

③ 유아들이 익숙해지면 음악 테이프로 노래를 들으며, 음악에 맞추어 신체동작을 수행하도록 한다.

둘이 살짝

박경문 작사
김방옥 작곡

활동 5 빙빙돌아라

대상연령 만 4세

활동목표 음악에 맞추어, 지시하는 신체동작을 연속적으로 실시하여 신체활동을 즐긴다.

음악에 맞추어, 다양한 신체동작으로 자신의 생각과 느낌을 표현한다.

누리과정 관련 요소 신체운동과 건강〉신체활동에 참여하기〉자발적으로 신체활동에 참여하기

예술경험〉예술적 표현하기〉움직임과 춤으로 표현하기

준비물 노래가 녹음된 음악 테이프

사전준비 노래를 미리 여러 번 들려주어 유아들에게 익숙하게 한다.

모두 원으로 선다.

활동방법

① 노랫말이 지시하는 신체동작을 하나씩 나누어서 유아들과 연습한다.

손을 잡고 왼쪽으로 빙빙돌아라 – 모두 원으로 손을 잡고 왼쪽으로 4번 걸어간다.

손을 잡고 오른쪽으로 빙빙돌아라 – 모두 원으로 손을 잡고 오른쪽으로 4번 걸어간다.

뒤로 살짝 물러났다 – 원으로 서서 각자 뒤로 4걸음 걸어간다.

앞으로 다시 들어가 – 원으로 서서 각자 앞으로 4걸음 걸어간다.

손뼉 치며 빙빙돌아라 – 각자 박수를 4번 치고 제자리에서 빙빙 돈다.

② 노래를 들으면서 동작을 지시하는 노랫말에 맞추어 몸을 움직인다.

유아들이 익숙해질 때까지 교사가 천천히 노래를 부르면서, 유아가 천천히 지시하는 신체동작을 수행할 수 있도록 여러 번 연습한다.

③ 유아들이 익숙해지면 음악 테이프로 노래를 들으며, 음악에 맞추어 신체동작을 수행하도록 한다.

빙빙돌아라

작사 미상
외국 곡

활동 6 오른발 왼발

대상연령 만 4, 5세

활동목표 음악에 맞추어, 지시하는 신체동작을 연속적으로 실시하여 신체활동을 즐긴다.
음악에 맞추어, 다양한 신체동작으로 자신의 생각과 느낌을 표현한다.

누리과정 관련 요소 신체운동과 건강〉신체활동에 참여하기〉자발적으로 신체활동에 참여하기
예술경험〉예술적 표현하기〉움직임과 춤으로 표현하기

준비물 노래가 녹음된 음악 테이프

사전준비 노래를 미리 여러 번 들려주어 유아들에게 익숙하게 한다.
· 2명씩 짝을 지어 선다.

활동방법

① 노랫말이 지시하는 신체동작을 하나씩 나누어서 유아들과 연습한다.
유아 2명이 마주보고 손을 잡는다.
왼발 오른발 뛰어라 – 오른발을 앞으로 왼발을 뒤로 가도록 3번 뛴다.
왼발 오른발 뛰어라 – (발을 바꾸어) 왼발을 앞으로 오른발을 뒤로 가도록 3번 뛴다.
돌아서 돌아서 앉았다 일어나 – 둘이 손 잡고 한바퀴 돌다가 앉았다 일어난다.
돌아서 돌아서 앉았다 일어나 – 둘이 손 잡고 한바퀴 돌다가 앉았다 일어난다.

② 노래를 들으면서 동작을 지시하는 노랫말에 맞추어 몸을 움직인다.
유아들이 익숙해질 때까지 교사가 천천히 노래를 부르면서, 유아가 천천히 지시하는 신체동작을 수행할 수 있도록 여러 번 연습한다.

③ 유아들이 익숙해지면 음악 테이프로 노래를 들으며, 음악에 맞추어 신체동작을 수행하도록 한다.

왼발 오른발

F
B♭
C
F
왼 -발 오 른발 뛰 어 라 왼 -발 오 른발 뛰 어 라
왼 -빰 오 른빰 대 어 라 왼 -빰 오 른빰 대 어 라
F
C
C7
F
돌 아서 돌 아서 앉았다일 어나 돌 아서 돌 아서 앉았다일 어나
돌 아서 돌 아서 악수-하 셔요 돌 아서 돌 아서 인사-하 셔요

활동 7 둘이서 둘이서

대상연령 만 4, 5세

활동목표 음악에 맞추어, 지시하는 신체동작을 연속적으로 실시하여 신체활동을 즐긴다.
음악에 맞추어, 다양한 신체동작으로 자신의 생각과 느낌을 표현한다.

누리과정 관련 요소 신체운동과 건강〉신체활동에 참여하기〉자발적으로 신체활동에 참여하기
예술경험〉예술적 표현하기〉움직임과 춤으로 표현하기

준비물 노래가 녹음된 음악 테이프

사전준비 노래를 미리 여러 번 들려주어 유아들에게 익숙하게 한다.
2명씩 짝을 지어 선다.

활동방법

① 노랫말이 지시하는 신체동작을 하나씩 나누어서 유아들과 연습한다.
유아 2명이 마주보고 손을 잡는다.
둘이서 둘이서 코 잡고 – 2명이 마주보고 각자 자신의 코를 잡는다.
맹맹이 맹맹이 맹맹이 – 허리를 굽혀서 몸을 낮게 하고 제자리에서 빙빙 돈다.
둘이서 둘이서 귀 잡고 – 2명이 마주보고 각자 자신의 귀를 잡는다.
돌돌이 돌돌이 돌돌이 – 서서 몸을 높게 하고 제자리에서 빙빙 돈다.
둘이서 둘이서 손 잡고 – 2명이 마주보고 손을 잡는다.
동동이 동동이 동동이 – 2명이 손 잡고 마주보며 걷기로 빙빙 돈다.
둘이서 둘이서 팔 꿰고 – 2명이 한 팔을 서로 꿴다.
빙빙이 빙빙이 빙빙이 – 2명이 팔을 꿰고 스키핑으로 빙빙 돈다.

② 노래를 들으면서 동작을 지시하는 노랫말에 맞추어 몸을 움직인다.
유아들이 익숙해질 때까지 교사가 천천히 노래를 부르면서, 유아가 천천히 지시하는 신체동작을 수행할 수 있도록 여러 번 연습한다.

③ 유아들이 익숙해지면 음악 테이프로 노래를 들으며, 음악에 맞추어 신체동작을 수행하도록 한다.

둘이서 둘이서

강신욱 작사
이수인 작곡

활동 8 통통통

대상연령 만 4, 5세

활동목표 음악에 맞추어, 지시하는 신체동작을 연속적으로 실시하여 신체활동을 즐긴다.
음악에 맞추어, 다양한 신체동작으로 자신의 생각과 느낌을 표현한다.

누리과정 관련 요소 신체운동과 건강〉신체활동에 참여하기〉자발적으로 신체활동에 참여하기
예술경험〉예술적 표현하기〉움직임과 춤으로 표현하기

준비물 노래가 녹음된 음악 테이프

사전준비 노래를 미리 여러 번 들려주어 유아들에게 익숙하게 한다.
자유롭게 선다.

활동방법

① 노랫말이 지시하는 신체동작을 하나씩 나누어서 유아들과 연습한다.

통통통 높이 뛰다가 – 제자리에서 몸을 높이 올리며 뛴다.

살살 동그랗게 뛰다가 – 가볍게 동그라미로 뛴다.

흔들흔들 춤추다가 – 몸을 흔들거리며 춤을 춘다.

점점점점 아래로 – 몸을 점차로 아래로 내려서 바닥에 앉는다.

엉금엉금 기어가다가 – 바닥을 엉금엉금 기어 다닌다.

살금 살금 살금 – 소리가 나지 않게 바닥을 천천히 기어 다닌다.

떼굴떼굴 떼굴떼굴 굴러가다가 – 몸을 바닥에 한 번 굴린다.

일어 섯 – 벌떡 일어나서 두 팔을 높이 든다.

② 노래를 들으면서 동작을 지시하는 노랫말에 맞추어 몸을 움직인다.
유아들이 익숙해질 때까지 교사가 천천히 노래를 부르면서, 유아가 천천히 지시하는 신체동작을 수행할 수 있도록 여러 번 연습한다.

③ 유아들이 익숙해지면 음악 테이프로 노래를 들으며, 음악에 맞추어 신체동작을 수행하도록 한다.

통통통

김성균 작사
김성균 작곡

활동 9 그대로 멈춰라

대상연령 만 4, 5세

활동목표 음악에 맞추어, 지시하는 신체동작을 연속적으로 실시하여 신체활동을 즐긴다.

음악에 맞추어, 다양한 신체동작으로 자신의 생각과 느낌을 표현한다.

누리과정 관련 요소 신체운동과 건강〉신체활동에 참여하기〉자발적으로 신체활동에 참여하기

예술경험〉예술적 표현하기〉움직임과 춤으로 표현하기

준비물 노래가 녹음된 음악 테이프

사전준비 노래를 미리 여러 번 들려주어 유아들에게 익숙하게 한다.

모두 자유롭게 선다.

활동방법

① 노랫말이 지시하는 신체동작을 하나씩 나누어서 유아들과 연습한다.

즐겁게 춤을 추다가 그대로 멈춰라 – 모두 각자 자유롭게 춤을 추다가 멈춰라 할 때 여러 가지 재미있는 동작으로 멈춘다. (4박자 쉰 후)

즐겁게 춤을 추다가 그대로 멈춰라 – 다시 각자 자유롭게 춤을 추다가 멈춰라 할 때 여러 가지 재미있는 동작으로 멈춘다.

눈도 감지 말고 웃지도 말고 울지도 말고 움직이지 마 – 계속 몸을 움직이지 않는다.

즐겁게 춤을 추다가 그대로 멈춰라 – 다시 각자 자유롭게 춤을 추다가 멈춰라 할 때 여러 가지 재미있는 동작으로 멈춘다. (4박자 쉰후)

즐겁게 춤을 추다가 그대로 멈춰라 – 다시 각자 자유롭게 춤을 추다가 멈춰라 할 때 여러 가지 재미있는 동작으로 멈춘다.

② 노래를 들으면서 동작을 지시하는 노랫말에 맞추어 몸을 움직인다.

유아들이 익숙해질 때까지 교사가 천천히 노래를 부르면서, 유아가 천천히 지시하는 신체동작을 수행할 수 있도록 여러 번 연습한다.

③ 유아들이 익숙해지면 음악 테이프로 노래를 들으며, 음악에 맞추어 신체동작을 수행하도록 한다.

그대로 멈춰라

김방옥 작사
김방옥 작곡

활동 10 춤을 춥시다

대상연령 만 4, 5세

활동목표 음악에 맞추어, 지시하는 신체동작을 연속적으로 실시하여 신체활동을 즐긴다.
음악에 맞추어, 다양한 신체동작으로 자신의 생각과 느낌을 표현한다.

누리과정 관련 요소 신체운동과 건강 〉신체활동에 참여하기〉자발적으로 신체활동에 참여하기
예술경험〉예술적 표현하기〉움직임과 춤으로 표현하기

준비물 노래가 녹음된 음악 테이프

사전준비 노래를 미리 여러 번 들려주어 유아들에게 익숙하게 한다.
2명씩 짝을 지어 선다.

활동방법

① 노랫말이 지시하는 신체동작을 하나씩 나누어서 유아들과 연습한다.
유아 2명이 마주보고 손을 잡는다.
춤을 춥시다 춤을 춥시다 – 2명이 마주보고
손뼉 치고 즐거웁게 인사합시다 – 손뼉을 4번 치고 서로 인사한다.
우리 모두 오늘도 즐겁게 – 손을 마주잡고 2번 뛴다.
랄랄랄라 랄랄랄라 춤을 춥시다 – 2명이 손 잡고 한 바퀴 돈다.

② 노래를 들으면서 동작을 지시하는 노랫말에 맞추어 몸을 움직인다.
유아들이 익숙해질 때까지 교사가 천천히 노래를 부르면서, 유아가 천천히 지시하는 신체동작을 수행할 수 있도록 여러 번 연습한다.

③ 유아들이 익숙해지면 음악 테이프로 노래를 들으며, 음악에 맞추어 신체동작을 수행하도록 한다.

④ 유아들이 음악과 신체동작에 익숙해지면, 유아들과 의논하여 노랫말의 일부를 바꾸어서 움직인다.

춤을 춥시다

외국 곡

활동 11 호키포키

대상연령 만 5세

활동목표 음악에 맞추어, 지시하는 신체동작을 연속적으로 실시하여 신체활동을 즐긴다.

음악에 맞추어, 다양한 신체동작으로 자신의 생각과 느낌을 표현한다.

누리과정 관련 요소 신체운동과 건강〉신체활동에 참여하기〉자발적으로 신체활동에 참여하기

예술경험〉예술적 표현하기〉움직임과 춤으로 표현하기

준비물 노래가 녹음된 음악 테이프

사전준비 노래를 미리 여러 번 들려주어 유아들에게 익숙하게 한다.

모두 원으로 둘러선다.

활동방법

① 노랫말이 지시하는 신체동작을 하나씩 나누어서 유아들과 연습한다.

다같이 오른발을 안에 넣고 – 오른발을 원안으로 넣었다가

오른발을 밖에 놓고 – 오른발을 원밖으로 뺀다.

오른발을 안에 넣고 – 다시 오른발을 원안으로 넣는다.

힘껏 흔들어 – 원 안에 넣은 오른발을 들어서 흔든다.

손들고 호키포키하며 – 두 손을 들어서 양쪽으로 흔들고

빙빙돌면서 – 두손을 들고 흔들며 제자리에서 1번 돈다.

즐겁게 춤추자 – 제자리에서 각자 자유로운 동작으로 춤을 춘다.

호키포키 호키포키 호키포키 – 두 손을 들어서 흔들며 제자리에서 아래로 몸을 낮추었다 일어선다.

신나게 춤추자 – 제자리에서 각자 자유로운 동작으로 춤을 춘다.

② 노래를 들으면서 동작을 지시하는 노랫말에 맞추어 몸을 움직인다.

유아들이 익숙해질 때까지 교사가 천천히 노래를 부르면서, 유아가 천천히 지시하는 신체동작을 수행할 수 있도록 여러 번 연습한다.

③ 유아들이 익숙해지면 음악 테이프로 노래를 들으며, 음악에 맞추어 신체동작을 수행하도록 한다.

④ 유아들이 음악과 신체동작에 익숙해지면, 유아들과 의논하여 노랫말 일부를 바꾸어서 움직인다.

'오른발' 노랫말을 '왼발', '오른손', '왼손', '엉덩이'로 지시 말을 바꾸어서 실시한다.

호키포키

독일 민요

활동 12 모두다 뛰놀자

대상연령 만 5세

활동목표 음악에 맞추어, 지시하는 신체동작을 연속적으로 실시하여 신체활동을 즐긴다.
음악에 맞추어, 다양한 신체동작으로 자신의 생각과 느낌을 표현한다.

누리과정 관련 요소 신체운동과 건강〉신체활동에 참여하기〉자발적으로 신체활동에 참여하기
예술경험〉예술적 표현하기〉움직임과 춤으로 표현하기

준비물 노래가 녹음된 음악 테이프

사전준비 노래를 미리 여러 번 들려주어 유아들에게 익숙하게 한다.
자유롭게 선다.

활동방법

① 노랫말이 지시하는 신체동작을 하나씩 나누어서 유아들과 연습한다.
모두다 홉홉홉 뛰어라 – 홉핑을 하며 뛰어 다닌다.
모두다 훨훨훨 날아라 – 나비처럼 날아 다닌다.
모두다 동동동 굴러라 – 두발을 번갈아 구르면서 걸어 다닌다.
모두다 빙빙빙 돌아라 – 두 손을 들고 빙빙 돈다.
우 우 와와와와와 – 몸을 천천히 낮추었다가 두 팔을 들고 일어난다.

② 노래를 들으면서 동작을 지시하는 노랫말에 맞추어 몸을 움직인다.
유아들이 익숙해질 때까지 교사가 천천히 노래를 부르면서, 유아가 천천히 지시하는 신체동작을 수행할 수 있도록 여러 번 연습한다.

③ 유아들이 익숙해지면 음악 테이프로 노래를 들으며, 음악에 맞추어 신체동작을 수행하도록 한다.

④ 유아들이 음악과 신체동작에 익숙해지면, 유아들과 의논하여 노랫말의 일부를 바꾸어서 움직인다.

모두다 뛰놀자

박경문 작사
김방옥 작곡

활동 13 펭귄춤

대상연령 만 5세

활동목표 음악에 맞추어, 지시하는 신체동작을 연속적으로 실시하여 신체활동을 즐긴다.

음악에 맞추어, 다양한 신체동작으로 자신의 생각과 느낌을 표현한다.

누리과정 관련 요소 신체운동과 건강〉신체활동에 참여하기〉자발적으로 신체활동에 참여하기

예술경험〉예술적 표현하기〉움직임과 춤으로 표현하기

준비물 노래가 녹음된 음악 테이프

사전준비 노래를 미리 여러 번 들려주어 유아들에게 익숙하게 한다.

펭귄의 움직임을 동영상으로 보여 준다.

활동방법

① 노랫말이 지시하는 신체동작을 하나씩 나누어서 유아들과 연습한다.

유아 2명이 마주보고 손을 잡는다.

어깨 흔들고 손뼉을 치고 – 어깨를 흔들고 손뼉을 4번 친다.

펭귄처럼 돌고 돌며 춤을 춥시다 – 펭귄걸음으로 제자리에서 돈다.

왼손을 흔들고 오른쪽으로 – 왼손으로 날갯짓하며 오른쪽으로 돈다.

오른손을 흔들고 왼쪽으로 – 오른손으로 날갯짓하며 왼쪽으로 돈다.

가슴을 활짝 펴고 뛰뚱뛰뚱 – 가슴을 펴고 펭귄걸음으로 제자리걸음한다.

펭귄처럼 돌고 돌며 춤을 춥시다 – 펭귄걸음으로 제자리에서 돈다.

② 노래를 들으면서 동작을 지시하는 노랫말에 맞추어 몸을 움직인다.

유아들이 익숙해질 때까지 교사가 천천히 노래를 부르면서, 유아가 천천히 지시하는 신체동작을 수행할 수 있도록 여러 번 연습한다.

③ 유아들이 익숙해지면 음악 테이프로 노래를 들으며, 음악에 맞추어 신체동작을 수행하도록 한다.

펭귄춤

외국 곡

어 깨흔 들고 손 뼉을 치고 펭 귄처 럼돌 고돌 며 춤 을춥 시다
어 깨흔 들고 손 뼉을 치고 펭 귄처 럼돌 고돌 며 춤 을춥 시다
왼 손 을흔 들고 오 른쪽 으로 오 른손 을흔 들고 왼 쪽 으로
가 슴 을활 짝펴 고 뒤 뚱 뒤뚱 펭 귄처 럼돌 고돌 며 춤 을춥 시다

활동 14 훌랄라

대상연령 만 5세

활동목표 음악에 맞추어, 지시하는 신체동작을 연속적으로 실시하여 신체활동을 즐긴다.

음악에 맞추어, 다양한 신체동작으로 자신의 생각과 느낌을 표현한다.

누리과정 관련 요소 신체운동과 건강〉신체활동에 참여하기〉자발적으로 신체활동에 참여하기

예술경험〉예술적 표현하기〉움직임과 춤으로 표현하기

준비물 노래가 녹음된 음악 테이프

사전준비 노래를 미리 여러 번 들려주어 유아들에게 익숙하게 한다.

자유롭게 선다.

활동방법

① 노랫말이 지시하는 신체동작을 하나씩 나누어서 유아들과 연습한다.

모두 모여라 손목을 잡고 – 모두 손을 잡고 오른쪽으로 가볍게 뛴다.

흥겹게 모두 춤을 추자 – 모두 손을 잡고 왼쪽으로 가볍게 뛴다.

훌랄라 랄라 훌랄라 랄라 – 각자 하와이 훌라춤을 춘다.

훌랄라 랄라 랄랄라 – 각자 하와이 훌라춤을 춘다.

② 노래를 들으면서 동작을 지시하는 노랫말에 맞추어 몸을 움직인다.

유아들이 익숙해질 때까지 교사가 천천히 노래를 부르면서, 유아가 천천히 지시하는 신체동작을 수행할 수 있도록 여러 번 연습한다.

③ 유아들이 익숙해지면 음악 테이프로 노래를 들으며, 음악에 맞추어 신체동작을 수행하도록 한다.

훌랄라

스페인 민요

모 두 모 여 라 손 목 을 잡 고
동 산 에 햇 님 솟 아 오 르 면
잠 자 던 양 떼 단 잠 을 깨 고
흥 겹 게 모 두 춤 을 추 자
숲 속 의 새 가 노 래 하 네
벌 나 비 모 두 손 짓 하 네
훌 랄 라 랄 라 훌 랄 라 랄 라
훌 랄 라 랄 라 랄 랄 라

활동 15 훌랄라 후프체조

대상연령 만 5세

활동목표 음악에 맞추어, 지시하는 신체동작을 연속적으로 실시하여 신체활동을 즐긴다.
음악에 맞추어, 다양한 신체동작으로 자신의 생각과 느낌을 표현한다.

누리과정 관련 요소 신체운동과 건강〉신체활동에 참여하기〉자발적으로 신체활동에 참여하기
예술경험〉예술적 표현하기〉움직임과 춤으로 표현하기

준비물 노래가 녹음된 음악 테이프, 훌라후프

사전준비 훌랄라 노래의 노랫말을, 훌랄라후프체조의 노랫말로 바꾸어서 녹음한다.
유아들에게 후프를 1개씩 준다.

활동방법

① 노랫말이 지시하는 신체동작을 하나씩 나누어서 유아들과 연습한다.

1. 모두 모여라 후프를 잡고 앞으로 뒤로 앞으로 뒤로

모두 앉아라 후프를 잡고 이쪽으로 저쪽으로

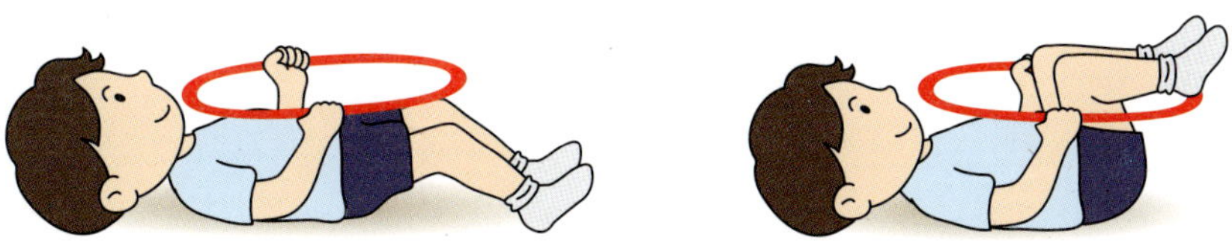

2. 모두 누워라 후프를 잡고 다리부터 쏙

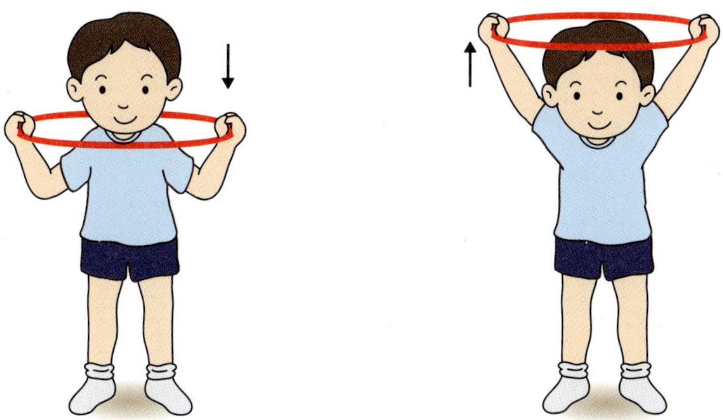

모두 일어나 후프를 잡고 만세 만세 만만세

② 노래를 들으면서 동작을 지시하는 노래말에 맞추어 몸을 움직인다.
유아들이 익숙해질 때까지 교사가 천천히 노래를 부르면서, 유아가 천천히 지시하는 신체동작을 수행할 수 있도록 여러 번 연습한다.

③ 유아들이 익숙해지면 음악 테이프로 노래를 들으며, 음악에 맞추어 신체동작을 수행하도록 한다.

| 참고문헌 |

교육과학기술부(2013a). **3~5세 누리과정 : 해설서**. 서울: 교육과학기술부.

________________(2013b). **누리과정 만 3세. 나와 가족**. 서울: 교육과학기술부.

________________(2013c). **누리과정 만 4세. 나와 가족**. 서울: 교육과학기술부.

________________(2013d). **누리과정 만 5세. 나와 가족**. 서울: 교육과학기술부.

________________(2013e). **누리과정 만 5세. 세계여러나라**. 서울: 교육과학기술부.

교육인적자원부(2003). **유아를 위한 체육 활동자료**. 서울: 교육인적자원부.

________________(2006). **가족과 함께 하는 유아체력증진 프로그램**. 서울: 교육인적자원부.

국가직무표준(NCS)(2014). **보육분야 신체·예술활동지도**. 국가직무표준 홈페이지.

보건복지부(2013a). **표준보육과정(개정) 총론**. 서울: 보건복지부.

____________(2013b). **어린이집 표준보육과정에 기초한 영아보육프로그램 0세②**. 서울: 보건복지부.

____________(2013c). **어린이집 표준보육과정에 기초한 영아보육프로그램 1세②**. 서울: 보건복지부.

____________(2013d). **어린이집 표준보육과정에 기초한 영아보육프로그램 2세③**. 서울: 보건복지부.

김미진(2008). 소집단 신체표현활동이 유아의 친사회적 행동 및 창의적 신체표현능력에 미치는 영향. 전남대학교 대학원 석사학위논문.

김성재(2007). 발달적 게임과 교육체조를 통합한 유아 동작교육활동의 적용효과. 중앙대학교 대학원 박사학위논문.

김세은(2010). 규칙적인 신체활동이 유아의 일상적 스트레스와 신체활동 즐거움에 미치는 영향. 이화여자대학교 교육대학원 석사학위논문.

김수옥(2011). 기본운동능력을 고려한 신체활동이 만 4세 유아의 기초체력에 미치는 영향. 이화여자대학교 교육대학원 석사학위논문.

김영은(2006). 유아교육기관의 유아 체육활동 운영실태 및 교사 인식. 경원대학교 교육대학원 석사학위논문.

김원준(2010). 유아 실외 신체활동 프로그램의 개발 및 효과. 조선대학교 대학원 박사학위논문.

김은경(2008). 유아의 신체활동프로그램 참여가 사회성발달에 미치는 영향. 경원대학교 교육대학원 석사학위논문.

김은심(1999). 발달적으로 적합한 유아동작교육의 방향 모색. 한국유아체육학회 창립총회 및 기념 심포지움. 45-58.

________(2004). **유아 동작 교육의 이론과 실제**. 서울: 창지사.

________(2005). 구성주의 이론에 기초한 유아동작교육수업이 예비유아교사의 동작교육에 대한 인식 및 태도에 미치는 연구. **유아교육학논집, 9**(3), 31-56.

김주연, 김정민, 김경숙(2013). 공을 활용한 신체활동이 유아의 기초체력과 대근육 조작운동능력 향상에 미치는 효과. **생태유아교육연구, 12**(4), 25-45.

김지영, 황혜경, 이영애, 김선희, 성연승(2013). **영유아동작교육**. 경기: 양서원.

김희정(2009). 가정과 연계한 신체활동이 유아의 기초체력에 미치는 영향. 이화여자대학교 교육대학원 석사학위논문.

류진희, 황환옥, 최명희, 정희정, 김유림(1999). **유아의 발달에 적합한 신체활동**. 서울: 양서원.

박경만, 정주혁, 김맹규(2013). 아동들의 신체활동을 높이기 위한 방법 및 전략에 관한 최신 동향. **한국체육교육학회지, 18**(3), 205-218.

박길준, 박태섭, 박형섭(2000). **(성장단계별) 신체의 발육발달론**. 서울: 상지사.

박대근(2001). 유아의 기본운동 및 지각-운동 발달에 관한 연구. 중앙대학교 교육대학원 석사학위논문.

박대근(2004). 유아기 대·소근육 운동 발달의 과정적 특성. 중앙대학교 대학원 박사학위논문.

배인자, 한규령(1997). **(유아를 위한) 동작 교육의 이론과 실제**. 서울: 양서원.

서울대학교 교육연구소(1994). **교육학 용어사전 (전정판)**. 서울: 하우.

서울대학교 체육연구소(1991). **운동은 요람에서부터(유아편)**. 서울: 국민생활체육협의회.

안상춘, 박혜경(2004). 유아 신체발달과 체육활동에 대한 유아체육 강사의 인식 및 유아체육 지도 현황. **교육과학연구**, **35**(2), 63-79.

안을섭(2005). 유아의 체력 평가기준에 관한 연구. 건국대학교 대학원 박사학위논문.

오연주(2001). 4, 5세 유아의 운동능력에 영향을 미치는 관련변인 연구. 경희대학교 대학원 박사학위논문.

윤애희, 박정민(1999). **유아체육교육의 이론과 실제**. 서울: 창지사.

______________(2005). **체육운동놀이프로그램**. 서울: 다음세대

이선경(2011). 교육과정 생활주제 중심의 신체활동이 유아의 자아존중감 및 사회성 증진에 미치는 효과. **한국체육교육학회지**, **16**(1), 47-58.

이영, 전인옥, 김온기(2004). **유아를 위한 창의적 동작교육**. 서울: 교문사.

이정민(2012). 협동적 신체활동이 유아의 친사회적 행동에 미치는 영향. 서울교육대학교 교육대학원 석사학위논문.

이정환, 김희진(2013). **(개정)영유아 교육의 교수학습방법**. 서울: 파란마음.

이차숙(2011). 유아 체육교육에 대한 실태 분석 연구. **한국보육학회지**, **11**(3), 89-106.

이현균(2002). 운동도구를 활용한 체육 프로그램이 유아의 기본동작능력과 지각운동능력에 미치는 효과. 명지대학교 사회교육대학원 석사학위논문.

정세호, 엄정애(2002). 통합적 동작활동이 종일제 유아의 기본운동능력 및 신체표현능력에 미치는 영향. **아동학회지**, **23**(5), 153-166.

한국보육진흥원(2014). **어린이집 평가인증 안내**. 서울: 보건복지부.

황순각(2001). 유아 신체활동 프로그램의 구성 및 효과: 유아의 지각운동 능력과 신체적 자아개념을 중심으로. 중앙대학교 대학원 박사학위논문.

황순각(2003). **유아 신체활동 : 이론과 실제**. 서울: 양서원.

홍용희, 이한영, 최혜로, 원영신(2002). **동작교육의 이론과 실제**. 서울: 다음세대.

Bayle, N. (1969). *The Bayley scales of infant development*. New York: sychological corporation.

Bentley, W. G. (1970). *Learning to move and moving to learn*. New York: Citation Press.

Frost, J. L., & Kissinger, J. B. (1976). *The Young Child and the Educative Process.* New York: Halt, Rinehart and Winston.

Hurlock, E. (1972). *Child development.* New York: McCraw-Hill.

Gallahue, D. (1982). *Understanding motor development in Children.* New York: John wiley and sons.

Gallahue, D. (1993). *Developmental physical education for today's elementary school children.* New York: Macmillan publishing company.

Gallahue, D. L. (1996). Transforming physical Education Curriculum, Reaching potentials; Vol. 2, *NAEYC*, 125-144.

Gallahue, D. L. (2003). *Developmental physical education for all children*(4th ed.). Champaign, Il: Human Kinetics.

Gallahue, D. L., & Ozmun, J. C. (2009). **운동발달의 이해-유아, 아동, 청소년, 성인**(김경원 역). 서울: 레인보우북스. (원서 2006 출판)

Janz, K. F., Burns, T. L., & Levy, S. M. (2005). Tracking of activity and sedentary behaviors in childhood: the Iowa Bone Development Study. *American Journal of Preventive Medicine, 29*(3), 171-178.

Kirchner, G. (1992). *Physical education for elementary school children*(8th ed). Dubugue: William, C. Brown publishers.

Laban, R. (1975). *Modern educational dance*(3rd ed.). Boston: Plays, INC.

NASPE (2004). *Moving into the future: national standards for physical education*(2nd ed.). Reston, Va: NASPE publication.

NASPE (2008). *National Initial Physical Education Teacher Education Standards.* Reston, Va: NASPE publication.

Pica, R. (2010). **출생에서 8세까지 유아를 위한 동작교육**(김은심 역). 서울: 정민사. (원서 2010 출판)

Siedentop, D., Herkowitz, J., & Rink, J. (1984). *Elementary physical education methods.* Englewood Cliffs: Prentice-Hall, Inc.

Ulrich, D. A. (2000). *Test of gross motor development*(2nd ed). Austin, Tx: Pro-ed.

Wickstrom, R. L. (1977). *Fundamental motor patterns*(2nd ed.). Philadelphia: Lea & Febiger.

부록
2016년 NCS 직무능력단위(개정) : 보육>신체활동지도

능력단위 요소 1. 신체활동 계획하기

- 수행준거
  - 1.1 계획한 신체활동에 필요한 충분한 실내외 공간과 자료를 확인할 수 있다.
  - 1.2 영유아의 기본운동능력을 파악하여 적합하고 다양한 신체활동 도구나 기구를 활용할 수 있다.
  - 1.3 영유아의 흥미와 발달수준을 고려하여 신체활동을 계획할 수 있다.

능력단위 요소 2. 신체활동 지도하기

- 2.1 영유아가 감각기관을 활용하여 자신의 신체를 탐색하도록 지도할 수 있다.
- 2.2 영유아가 여러 감각기관을 협응하여 대상이나 사물의 특성을 파악하도록 지도할 수 있다.
- 2.3 영유아의 발달수준을 고려하여 신체 균형잡기, 조절하기, 이동운동하기, 제자리에서 움직이기 등을 고루 지도할 수 있다.
- 2.4 개별적인 신체활동, 함께하는 신체활동, 규칙적인 실내외 신체활동에 영유아가 자발적으로 참여하도록 지도할 수 있다.
- 2.5 영유아의 개인차와 신체활동 참여 정도에 따라 활동의 방법과 내용을 조정할 수 있다.

평가 시 고려사항

- 평가자는 다음의 사항을 평가해야 한다.
  - 표준보육과정 준수
  - 평가인증 지침 준수
  - 신체·예술놀이 지도가 놀이유형, 수준, 주제에 따라 다양한 방법을 적용하고, 영유아의 개별적 특성과 선호를 고려하였는지에 대한 여부
  - 신체놀이의 경우 영유아의 신체적 발달 수준과 특성을 고려하여 매일 경험될 수 있도록 지도하고 있는지에 대한 여부
  - 신체놀이는 영유아의 대근육 발달과 소근육 발달을 기르는 모든 활동을 골고루 포함하여 이루어지는지에 대한 여부

출처: 국가직무표준(NCS)(2016).
국가직무표준(NCS) 홈페이지.

저자 소개

박 정 민

이화여자대학교 대학원 유아교육학과 석사
서울여자대학교 대학원 아동학과 유아교육학전공 박사 수료
현 경복대학교 영유아보육과 교수
저서 교수공학 및 매체(공저), 유아과학교육(공저), 유아체육교육의 이론과 실제(공저), 체육운동놀이프로그램(공저) 등 다수

박 미 경

이화여자대학교 대학원 유아교육학과 석사
이화여자대학교 대학원 유아교육학과 박사
현 경복대학교 영유아보육과 교수
저서 자유선택활동 바로 알기(공저). 아동수학지도(공저), 영유아교수학습방법(공저) 등 다수

증보

영유아 신체활동 지도

초판 1쇄 발행 2015년 10월 7일
증보 1쇄 발행 2017년 8월 24일

지 은 이 | 박정민 · 박미경
펴 낸 이 | 김기섭
책임편집 | 이초롱
펴 낸 곳 | 창지사 www.changjisa.com
08589 서울시 금천구 가산디지털1로 83 파트너스타워 1차 9층
전화 (02) 719-2211~3
팩스 (02) 701-9386
등 록 | 1977년 4월 28일 · 제1-421호

ISBN 978-89-426-0973-4 (93370)

값 21,000원

KOMCA 승인필

이 도서의 국립중앙도서관 출판예정도서목록(CIP)은 서지정보유통지원시스템 홈페이지(http://seoji.nl.go.kr)와 국가자료공동목록시스템(http://www.nl.go.kr/kolisnet)에서 이용하실 수 있습니다.(CIP제어번호: CIP2017020550)